Ich liebe Lottospieler
aus der Reihe

I

Umschlag: Jutta Schneider
Titelbild: G. Brinkmann
Satz: Fotosatz Geiß, D-8039 Puchheim
Printed in Italy,
ISBN 3-8231-0701-1

Ich liebe Lottospieler

von Günter Stein
Illustriert
von Gerhard Brinkmann

TOMUS VERLAG MÜNCHEN

0
Warnung des Vorlegers*)

Nehmen Sie sich bitte einen Augenblick Zeit! Ich finde, es ist ein Gebot der Fairneß, Sie auf die Folgen aufmerksam zu machen, die Ihnen drohen, wenn Sie mehr als nur diese eine Seite des Buches lesen. Schön griffig, nicht wahr? Verführerischer Schutzumschlag — übrigens von einer talentierten jungen Grafikerin, Jutta Schneider. Und dann erst der Text von Günter Stein und die Illustrationen von Gerhard Brinkmann! Sage keiner, daß dies nicht ein einmaliges Angebot ist!

---

*) Verleger = Vorleger (nämlich von Geld, damit der Autor in Ruhe schreiben, der Karikaturist vergnügt zeichnen, der Lektor redigieren, der Setzer setzen, der Lithograph lithographieren, die Papierfabrik Holz in Bedruckbares verwandeln, der Drucker drucken, der Buchbinder binden und der Buchhändler Kunden ein herzeigbares Produkt präsentieren kann.)

Kurz gesagt, dieses Buch — wie die anderen der Reihe, zu der es gehört — ist von allen Beteiligten mit viel Engagement und Liebe gestaltet. Sie merken die Absicht? Und sind verstimmt? Dann stellen Sie das Buch bitte sofort wieder auf den Platz zurück, auf dem es der Buchhändler in der unverhohlenen Absicht präsentiert, die Aufmerksamkeit möglicher Interessenten zu erregen. Damit ein Spontankäufer zugreifen kann.

Sie dürfen dann die Buchhandlung in der Gewißheit verlassen, viel Geld gespart zu haben. Wenn Sie dieses Buch gekauft hätten, wären Sie derartig hingerissen von dem Autor gewesen, daß Sie in Zukunft garantiert keines seiner Bücher mehr ausgelassen hätten. Darüber hinaus hätten Sie als einer der ersten Kenner dieses neuen großen deutschen Satirikers seine Bücher an Ihre Freunde verschenkt, und die wären fraglos von Ihrer Begeisterung angesteckt worden. Wenn Sie diesen Gedanken zu Ende spinnen, bleibt Ihnen der Trost, daß Sie dieses Buch, falls Sie es nicht gekauft haben, irgendwann einmal geschenkt bekommen werden.

C.J. Frank

Inhalt

Konferenz im Chefzimmer. Das Thema: Die Lottozahlen

1 Worte zum Thema

Der Lottospieler — er lebt mitten unter uns, ist unser Nachbar, unser Freund, vielleicht sogar unser nächster Verwandter. Jeder kann es sein: der ältere Herr neben Ihnen, Ihr Chef, Ihre Frau, vielleicht sogar Sie selbst. Was ist das für ein Mensch, warum spielt er überhaupt Lotto, was treibt ihn dazu, Woche für Woche sechs Zahlen anzukreuzen, von denen er noch nicht mal weiß, ob sie gezogen werden? Und warum ist der Selbstmord bei Lottospielern so selten, während er bei den Freunden des Roulett schon fast die Regel ist?

Natürlich gibt es auch gesicherte Erkenntnisse. So weiß man zum Beispiel, daß der Lottospieler gern leichte Kleidung trägt, vor allem in den Monaten ohne r, man weiß, daß sein Durchschnittsalter irgendwo zwischen 22 und 77 liegt, und daß er von seinen Kindern entweder geschätzt wird oder verachtet oder er hat gar keine. Daß wir heute so völlig frei und ungezwungen über das Lottospiel schreiben können, zeigt schon, wie tiefgreifend die Wandlung ist, die diese menschliche Tätigkeit in den letzten Jahrzehnten erfahren hat. Nach dem ausgehenden Mittelalter, als in den Badehäusern ganz ungeniert Lotto gespielt wurde, sogar von den Honorationen, kam eine Phase, in der es fast verpönt war, das Wort Lotto auch nur in den Mund zu nehmen. Vorübergehend wurde das Lottospiel sogar mit dem Rosenkreuzlertum in einen Topf geworfen, und man war der festen Überzeugung, bei schwarzen Messen müsse jeder Teilnehmer einen Lottoschein küssen. Noch im späten 19. Jahrhundert wurde in einem niederbayerischen Dorf ein ertappter Lottospieler an den Pranger gestellt, und jeder Kirchgänger durfte ihm den Finger in den Mund stecken, so daß er Ah sagen mußte.

Unter Wilhelm II. war Lotto vor allem eine Sache des Adels, und wer nicht mindestens Leutnant war, durfte seinen Schein gar nicht erst abgeben.

In den turbulenten 20er Jahren dann bestimmte es, zusammen mit dem Charleston, die Berliner Kunstszene und wurde zur Lieblingsbeschäftigung von allen, die sich in den berühmten Cafés von damals die Nächte um die Ohren schlugen. Berühmt wurde es vor allem durch das Bild von Georg Grosz »Die Lottospielerin«, auf dem eine abgezehrte Frau mit lasterhaftem Gesicht dabei ist, einen Schein auszufüllen. Das Bild verursachte damals in der sogenannten guten Gesellschaft einen Skandal und wurde später der entarteten Kunst zugerechnet.

Oswalt Kolle sei Dank

Erst in den 60er Jahren, nachdem Oswalt Kolle sich dieses Themas angenommen hatte und nachweisen konnte, daß es sich beim Lotto um ein ganz natürliches Verlangen des Menschen handelt, wurde es aus der dunklen Ecke gesellschaftlicher Diskreditierung geholt und in zahllosen Büchern beschrieben und untersucht.

Diese Schrift hier ist ein Extrakt all dieser Untersuchungen und will das Lottospiel auch einem breiteren Publikum näherbringen. Denn das Lotto ist ein Stück Kulturerbe, wie der breitrandige Filzhut, der Weihnachtsbaum und die Neunte Sinfonie. Wir werden die europäische Geschichte nicht verstehen und auch nicht bewältigen können, wenn wir das Lotto-Spiel und seinen Spieler nicht miteinbeziehen. Alles andere wäre ebenso vergeblich wie das Einfangen eines Schmetterlings an einem eisigen Wintertag.

Hamlet-Monolog: »Schein oder Nichtschein, das ist hier die Frage«.

2 Historischer Abriß

Der Lottospieler, auch homo ludens lottoiensis, ist eine Abart des Homo sapiens' und wurde zum ersten Mal in der Nähe der südfranzösischen Stadt L'euteaux* entdeckt.

Man fand dort mehrere zerbrochene Steinplatten, in die 49 zahlenähnliche Gebilde eingeritzt waren. Sechs davon hatte der unbekannte Steinzeitmensch mit kräftigen Meißelhieben angekreuzt. Nach übereinstimmender Meinung muß es sich um einen jüngeren, sehr entschlossenen Mann gehandelt haben, der zum Jähzorn neigte. Dies läßt sich aus der brutalen Zerstörung der Platten schließen, die wohl an

*Daß diese Stadt seit der Riß-Würm-Warmzeit Monte Carlo genannt wird und später zum Mittelpunkt des Glückspiels wurde, sei am Rande vermerkt. Zufall?

einem Samstagabend vor ca. 50.000 Jahren nicht das gewünschte Resultat gebracht haben.

Der homo ludens lottoiensis wanderte dann aus, schon montags darauf scheint er weitergezogen zu sein. Spuren von ihm wurden im spanischen Seis exaktos, was zu deutsch Sechs Richtige heißt, gefunden und später dann in Nordafrika, und zwar in der Nähe der Stadt N'ich s'war, was dem Deutschen: Pech gehabt, mein Lieber, es war mal wieder nichts, versuch's nächsten Samstag halt noch mal! entspricht. Die Spuren des lottospielenden Menschen lassen sich dann in der Geschichte immer wieder gut nachweisen, auch wenn wir dabei einige liebgewordene Vorstellungen begraben müssen.

So weiß man heute, daß die Perserkriege darauf zurückzuführen sind, das Lotto-Spiel der Griechen durch das vorderasiatische Schachspiel zu ersetzen. Dies wäre Xerxes und seinen Leuten auch ums Haar gelungen, wenn nicht Themistokles in der Seeschlacht bei Salamis die Eindringlinge vernichtend geschlagen hätte.

Themistokles handelte dabei nicht ganz uneigennützig, zwar rettete er das Lotto-Spiel, vor allem aber die wirtschaftliche Existenz seines Vaters, der nach seiner Entlassung in Athen eine Lotto-Annahmestelle betrieb.

Ungefähr zur gleichen Zeit entstand im heutigen Israel das Mittwochslotto, denn die Juden durften

Archäologenfund: Lottozahlen auf Steintafeln

des Sabbats wegen samstags nicht gewinnen und wichen deshalb auf die Mitte der Woche aus. In der abendländischen Kultur dagegen hat sich das Mittwochslotto nie so recht durchsetzen können. Es galt als ein Spiel für Parvenüs, und die Kirchenväter meinten sogar, es sei lasterhaft, unter der Woche zu tippen, daran könne auch die Heilige Sieben des Mittwochslottos nichts ändern.

Aber es geht weiter. So weiß man beispielsweise heute auch, daß der stattliche Kies der Fugger auf einem überwältigenden Lottogewinn beruhte. Und man muß sich nur mal die Frage vorlegen, was mit der deutschen Geschichte geschehen wäre, hätte Jakob damals eine, zwei andere Zahlen angekreuzt: Der spanische Karl wäre nicht als Karl V. deutscher Kaiser geworden, denn er hätte kein Geld gehabt, um die Fürsten zu schmieren. An seiner Statt hätte der Franzose Franz den Thron bestiegen. Es hätte nie napoleonische Kriege gegeben, kein 70/71 und kein 14/18. Folglich wäre es auch nie zu Hitler gekommen, und wir müßten heute nichts in die EG einzahlen. Schon Mommsen hat gesagt: Hätte Jakob Fugger damals die 10 statt die 11 angekreuzt, wir hätten heute ein prima Stangenweißbrot auf dem Tisch!

Zum Schluß vielleicht noch ein interessanter Hinweis auf den Einfluß auf die Literatur, den das Lotto-Spiel immer wieder ausgeübt hat. Kein Geringerer als der große Shakespeare war ein fanatischer

Lottogewinne machten die Fugger schon reich

Spieler, das geht aus dem bekannten Hamlet-Monolog hervor, der keinen Zweifel an Shakespeares Gedankenwelt läßt. Dieser Monolog, den wir alle unter seiner Anfangszeile Sein oder Nichtsein kennen, lautet im Original:

Schein oder Nichtschein,*
Das ist hier die Frage:
Ob's edler im Gemüth, die Pfeil' und Schleudern
Des wüthenden Geschicks erdulden, oder
Sich waffnend gegen eine See von Plagen,
durch sechs Richtige sie enden. Spielen — tippen —
Nichts weiter! — und zu wissen, daß ein Treffer
oder eine Fünf mit Zusatzzahl
Das Herzweh und die tausend Stöße endet,
die unsers Fleisches Erbteil — 's ist ein Ziel,
Aufs Innigste zu wünschen. Spielen — tippen —
Tippen! Vielleicht auch verlieren! — Ja, da liegt's:
Was an dem Tag für Zahlen kommen mögen,
Wenn wir den Schein voll Hoffnung abgegeben,
Das zwingt uns still zu stehn. Das ist die Rücksicht,
Die Elend läßt zu hohen Jahren kommen.
Denn wer ertrüg' der Zeiten Spott und Geißel,
Des Vorgesetzten Druck, des Chefs Mißhandlungen,

---

*Lottoschein, natürlich.

Verschmähter Liebe Pein, der Rechte Aufschub
undsoweiter
Undsoweiter — wenn er sich selbst in Ruh'stand
setzen
könnte mit einem Sechser bloß . . . .
Der angebornen Farbe der Entschließung
Wird des Gedankens Blässe angekränkelt;
Und Zahlen, die man leichten Fingers angekreuzt,
durch diesen Zweifel: sind sie's auch? aus ihrer
Bahn gebracht, verlieren so die Chance, es zu sein.

Lottoträume unter blühendem Fliederstrauch

3
Der Lottospieler in Liebe und Partnerschaft

Ein Leben an der Seite eines Lottospielers kann schwierig sein, aber auch einfach — das hängt ganz davon ab, ob man die richtige Partnerin ist. So kann es passieren, daß er unter einem blühenden Fliederstrauch die Worte spricht: »Also ich habe kürzlich gelesen, daß die Zahlen von eins bis sechs jederzeit in dieser Kombination drankommen können. So wie, sagen wir: 7, 11, 18, 21, 28 und 43. Die Zahlen von 44 bis 49 aber haben angeblich überhaupt keine Chance, in dieser Reihe gezogen zu werden. Mir ist einfach nicht klar, weshalb.«

Ist sie die richtige Partnerin, also die Frau fürs Leben, dann antwortet sie: »Oh, sag mir schnell noch mal die Zahlen, die du eben aufgezählt hast.

Also 7, 11, 18 ... und wie ging's weiter? Ich würde sie wahnsinnig gern fürs Wochenende tippen.«

Ist sie hingegen die Falsche, so tippt sie sich an die Stirn und geht ihrer Wege, was natürlich dann nicht schade ist.

Auf die typisch weibliche Frage: »Gibt es noch andere Frauen in deinem Leben?«, wird der Lottospieler mit einem verträumten Gesichtsausdruck sagen: »Ohja, Karin Tietze-Ludwig und Edelgard Stößel.« Und auch hier wird die Falsche auf- und davongehen, während die Richtige bleibt.

Ich liebe dich echt wie'n Fünfer

Diese hat auch Verständnis dafür, daß er sich samstags um dreiviertel zehn mit den Worten: Sekunde, Liebling, ich muß mir nur schnell die Lottozahlen notieren! aus ihren Armen löst und das Fernsehgerät anstellt. Sie wird sich auch daran gewöhnen, daß er nach Durchsage der Zusatzzahl den Kugelschreiber hinwirft und minutenlang in ohnmächtiger Wut auf den Tisch trommelt oder sich tränenüberströmt in eine Ecke verkriecht. Bis er dann wieder zu ihr zurückkehrt und sagt: »Wo waren wir stehengeblieben, mein Schatz, ach ja richtig, am rechten Ohr.«

Auch in seinen Zärtlichkeiten geht der Lottospieler seine eigenen Wege, besonders in den verbalen. Stellen Sie sich drauf ein!

»Ich lieb dich echt wie'n Fünfer«, sagt er vielleicht. Geben Sie sich aber damit nicht zufrieden, sondern setzen Sie nach. Sagen Sie: »Und was ist mit der Zusatzzahl, he?« Wenn Sie temperamentvoll sind und eine verzweifelt Liebende, so trommeln Sie ihm gegen die Brust und schreien Sie: »Und was hältst du von Spiel 77, du Schuft, was ist damit? Willst du das etwa unterschlagen?«

Nur sehr selten benutzen Lottospieler den Vergleich mit einem Sechser, denn die Sechs steht für Vollkommenheit, und vollkommene Liebe ist, wie man weiß, noch seltener. Nur Heiratsschwindler tun das. Vorsicht also.

Als Ehepartner ist der Lottospieler oft sehr amüsant. Wenn er nicht mit dem Errechnen von Quersummen beschäftigt ist, spricht er gern über Steingärten, über das Leben in der Mandschurei unter japanischer Besetzung sowie über das Geheimnis des Vogelflugs, denn alles Rätselhafte interessiert ihn. Auch liebt er Witze, vor allem solche, in denen alte Frauen oder Skifahrer vorkommen, am besten beide zugleich. Beispielsweise: Eine alte Frau fährt Ski in Sankt Moritz. Sie nimmt die direkte Abfahrt, und als sie unterwegs an Franz Klammer und Soraya vorbeikommt, ruft sie ihnen zu: »Also dann bis später im Dracula-Club!« Darauf Franz zu Soraya: »Haben wir uns denn mit der verabredet?« Soraya: »Keine Spur, jedenfalls nicht heute.«

Hat er am Wochenende gewonnen, so ist der Lotto-Spieler meistens für den Rest des Wochenendes fröhlich. Er streicht dann den Kindern übers Haar, lobt das Essen, auch wenn es Quiche Lorraine gab, und macht Kniebeugen sowie einen Waldlauf, weil er davon ausgeht, daß sich ab jetzt das Leben wieder lohnt und deshalb Gesundheit gefragt ist.

Also sprach Zarathustra

Viele Lottospieler sind allerdings auch echte Problemfälle. Das liegt in der starken Mutterbindung begründet, die manche ihr Leben lang als Bürde mit sich herumschleppen. Meist nämlich ist es die Mutter, die den Halbwüchsigen zum Lotto bringt — aufgrund der unseligen Tradition, wonach nur ein lottospielender Junge ein richtiger Junge ist. Ein Junge, so schreibt schon Friedrich Nietzsche, spielt Lotto, Fußball und Cowboy, mit 14 hat er's mit Mädchen und mit 16 raucht er seine erste Zigarette. Also sprach Zarathustra.

Gerade wir Deutsche wissen, wohin solche abstrusen Forderungen führen können, und es ist höchste Zeit, daß wir diese falschen traditionellen Werte ablegen, die bekanntlich viel Unheil über die Welt gebracht haben.

Jedenfalls muß sich ein Lottospieler oft ein Leben lang mit diesem Problem auseinandersetzen. Er weiß, daß er nur Liebe bekommt, wenn er wenigstens drei Richtige hat und er wird sich, zumindest unbewußt, immer darum bemühen, dieses Ziel zu erreichen. Das überträgt sich auch auf sein Verhältnis zu der geliebten Frau — auch bei ihr wird er sich als Versager fühlen, wenn Samstag für Samstag andere Zahlen gezogen werden als seine. Nervöse Störungen, die nicht selten zu Impotenz führen können, oft auch Neigungen zum gleichen Geschlecht, wo er sich besser verstanden fühlt, können die Folgen sein. Und nicht selten geht so eine Ehe schon nach kurzer Zeit in die Brüche. Vor allem, weil natürlich manche Frau ganz genau weiß, wie sie einen Lottospieler zu nehmen hat. Die berühmte »gute« Freundin der Ehefrau, die es meist sehr leicht hat, einen solchen Mann für sich einzunehmen. »Ich liebe dich«, sagen solche Frauen, »auch wenn du nur eine Zwei hast. Denn ich will dich um deiner selbst willen. Ein Mann darf weinen und im Lotto verlieren.«

Mit solchen Worten zieht sie ihn tückisch auf ihre Seite und entfremdet ihn der eigenen Frau, die meist gar keine Ahnung hat, daß sie etwas falsch macht. Bardamen können ein Lied davon singen. Denn die meisten Männer, die sich bei solchen Frauen über das mangelnde Verständnis ihrer Frauen beklagen, meinen damit ihr Versagen als Lottospieler.

Ehefrauen sollten das wissen. Ein paar aufmunternde Worte und eine Schachtel Erdnüsse, unaufgefordert hingestellt, wenn die Lottoziehung vorbei ist, können hier wahre Wunder vollbringen.

»Wie gelingt es mir, die Zahlen zu tippen, die am Samstag fallen?«

4 Methoden und Systeme

Das Problem eines jeden Lottospielers lautet: Wie schaffe ich es, daß am Samstag die gleichen Zahlen gezogen werden, die ich getippt habe?

Oder auch anders herum: Wie gelingt es mir, die Zahlen zu tippen, die am Samstag fallen?

Die zweite Gruppe bezieht sich auf den Dichter Hans Henny Jahnn, der einmal geschrieben hat: Es laufen ihrer zehn oder zwölf Pferde. Eines muß das erste werden. Hinterher ist eines das erste gewesen, und nur dieses und kein anderes konnte es sein. Wenn man eine Wette eingeht, kommt es darauf an, nur auf dieses eine zu setzen.

Das klingt nicht übel, aber wenn man nun Erhellendes erwartet, so geht man leer aus, denn auch

Jahnn gibt als Erklärung nur fadenscheinige Lösungen an, wie Quersummen von Namen, was natürlich auch jeder Lottospieler weiß. Jahnn hat es sich also selbst zuzuschreiben, daß kein Mensch mehr seine Bücher liest.

Betrunken mit Klosterfrau

Manche neigen zur rein statistischen Vorgehensweise, die so aussieht, daß der, der 10 000 Mark einsetzt, größere Chancen hat als der, der nur 2 Mark verspielt. Das ist aber Unsinn, denn auch der mit den 10 000 Mark hat so gut wie keine Aussichten, zu gewinnen. Man muß vielmehr die Chancen nach dem Typ des Spielers berechnen. Hier hat am wenigsten Chancen derjenige, der dringend eine Million braucht, weil er seine Heizungsrechnung bezahlen muß und anschließend Urlaub machen möchte. Die meisten hat dagegen die 80jährige Oma, die sich von ihrem 4jährigen Enkel, den sie mit Klosterfrau betrunken gemacht hat, die Zahlen diktieren läßt, im Grunde nicht weiß, was sie tut und immerzu fragt: Meinst du wirklich, daß Schalke gegen Bayern 43 zu Null gewinnt?

Damit sind wir bei der Methode des Lottospiels. Gibt es eine? Es gibt so viele, wie es Lottospieler gibt, könnte man sagen. Man kann es aber nicht. Denn es gibt im Grund nur zwei: die stumpfsinnige oder die magische. Beide sind erfolglos oder auch erfolgreich oder auch keines von beiden, und genau das macht sie so unzuverlässig.

Der stumpfsinnige Weg ist, wie auch sonst, der bequemere. Der Lottospieler entscheidet sich irgendwann einmal für seine Zahlen und diese tippt er dann jede Woche. Die übliche Art, an solche Zahlen zu kommen, ist, Geburtsdaten von nahestehenden Menschen zu wählen. Deshalb lieben Lottospieler auch vorwiegend Frauen mittleren Alters, da diese noch vor 1949 geboren wurden und mithin ein brauchbares Geburtsjahr abgeben. Um an möglichst viele solcher Daten heranzukommen, müssen Lottospieler häufig die Freundin wechseln. Manche Frau, die den Spieler längst verlassen hat, beschert ihm dadurch noch 8 Mark 70 und macht sich auch noch nach ihrer Abwesenheit nützlich. Liebe trägt Zinsen, wie der Volksmund sagt.

Natürlich kann man auch andere Zahlen nehmen. Beispielsweise die Hausnummer, die Zahl auf dem Autokennzeichen, den Tag, an dem man seinen dritten Hund gekauft hat oder, wenn man keine Hunde mag, den Kasten Bier oder den neuen Ledermantel. Wobei man bei dem Kasten Bier noch die Zahl der

Flaschen und beim Ledermantel die der Knöpfe (meist um die 37 herum) verwenden kann.

Natürlich hat diese Methode auch ihre Nachteile. Wer z. B. sagt einem, ob die Zahlenkombination, für die man sich heute endgültig entscheidet, nicht gerade vor sechs Wochen den großen Treffer gebracht hat, so daß man 160 000 Jahre warten muß, bis sie wieder dran ist. Und das ist eine verdammt lange Zeit, wenn man das Geld braucht.

Auch darf man dann niemals vergessen, den Tippschein abzugeben, da man ja genau weiß, welche Zahlen man hat. Es gibt Spieler, denen dergleichen passiert, und die dann bei der samstäglichen Ziehung verzweifelt ins dunkle Schlafzimmer stürzen und sich dort in die hinterste Ecke verkriechen. Sie halten sich die Hände auf die Ohren und rufen immer wieder: Nein, nein, nichts sagen, nichts sagen. Sadisten, die diese Zahlen kennen, flechten dann in den späten Krimi wie beiläufig ein: Übrigens, die Zahlen, die heute gekommen sind waren 3, 12, 17, 28, 31 und 47, Zusatzzahl 1! So haben viele einen grauenhaften Sonntag vor sich und stellen erst am Montag mit Erleichterung fest, daß eine ganz andere Zahlenreihe gewonnen hat. Viele jüngere Spieler mit weißen Haaren haben ein solches Erlebnis hinter sich.

Anders der magische Weg. Er lebt, der Name sagt es, von der Inspiration, vom Übersinnlichen also.

Der Spieler, der den magischen Weg beschreitet — nennen wir ihn Kleinschmidt —, lehnt sich in sei-

nen Sessel — meist ein Bürosessel — zurück, schließt die Augen und öffnet sich dem Jenseitigen. Den Tippzettel einsatzbereit vor sich, den entsicherten Kugelschreiber in der Hand, versenkt er sich in die Situation am kommenden Samstagabend. Er zitiert die blonde Ansagerin vor sein inneres Angesicht, er hört ihre Worte, aus denen hervorgeht, daß sich der Notar von irgendetwas überzeugt hat, Musik klingt auf, die Glaskugel dreht sich, das Geräusch des Mischens dringt an sein Ohr — und nun fällt die erste Kugel . . . deutlich sieht er sie vor sich: 18. Die 18 kommt ihm unglaubwürdig vor, er kann sich gar nicht erinnern, daß sie jemals gekommen ist, gibt es sie überhaupt? Aber er fügt sich den höheren Weisungen — 18. Er kreuzt an, lehnt sich erneut zurück und wartet auf die nächste Kugel, bis hin zu dem Moment, wo die Ansagerin den ganzen Vorgang mit den Worten abschließt: »Und die Zusatzzahl 3«. Damit sind die präkognitiven zehn Minuten abgeschlossen. Aus tiefer Trance kehrt Kleinschmidt in die Realität zurück, in die Wirklichkeit seines Büros im 5. Stock. Die Macht der Vision fällt von ihm ab, er ist wieder Willi Kleinschmidt von Verkauf I (Inland).

Nie war Karin Tietze-Ludwigs Stimme so ...

Nachdenklich sieht er sich um. Dies alles wird also in Kürze Vergangenheit sein — der Schreibtisch aus dem Jahr 57, der Kalender mit Alpenmotiven an der Wand gegenüber, der Ausblick auf die Lagerhallen. 26 Jahre hat er das alles ausgehalten, aber mit dem heutigen Freitag wird es endgültig vorbei sein. Noch nie in all den Jahren hat er Karin Tietze-Ludwigs Stimme so deutlich gehört, nie ist sie ihm so nah, so gegenwärtig gewesen, nie hatten die Zahlen ein so hohes Maß an Glaubwürdigkeit ausgestrahlt — für Sekunden war er in Versuchung, sie anzufassen. Ja, er hatte fast den Fernseher leiser stellen wollen, bis ihm einfiel, daß dieser ja nur in seiner Fantasie vorhanden war.

Als Tilly Kaufmann, die Sekretärin, sein Büro betritt, um ihm die Post vorzulegen, umfaßt sein Blick noch einmal ihre reizvoll-füllige Gestalt. Mit einem Schuß Wehmut schaut er in ihre schwärzlich-grünen Augen (wie Tannen im Regen, fährt es ihm durch den Kopf, oder auch wie zwei Mantelknöpfe in Spinat, fügt er innerlich hinzu, um den Rahmen abzustecken), aber er weiß, daß auch dies nun zu Ende ist. Eine Liebe, die sich über die ganzen 26 Jahre hinweg nicht artikulieren kann, denkt er, findet die richtigen Worte nicht mehr. Spätestens vor zwei Monaten, als sie sich über die Schreibweise des Wortes »parallel« gestritten hatten und sie ihm in ihrer Erregung näher gekommen war als je zuvor, hätte er sich offenbaren müssen. Aber etwas hatte ihn zurückgehalten, eine Art Scheu, die er sich nicht erklären konnte und die auch niemand bei ihm vermutet hätte, der ihn kürzlich beim Kegelabend erlebt hat.

Sie war damals, als er anfing, die Sekretärin seines Vorgängers Vollmöller gewesen, und er hatte sie schon am ersten Abend einladen wollen. Sie war, wie er sich dunkel erinnerte, damals schon eine reizvolle Frau gewesen, aber es schien irgendetwas dazwischengekommen zu sein.

Visionen vom großen Gewinn

Nun, auch dieses Kapitel ist jetzt abgeschlossen. »Vielen Dank, Frl. Kaufmann«, sagt er leichthin wie immer, »ich bringe Ihnen die Mappen anschließend wieder hinaus.« Ob sie ahnte, daß es ein Abschied war?

ieder allein, füllte er das zweite Feld auf dem Lottoschein aus. Nachlässig und schnell, schließlich hatte er die richtigen Sechs ja schon angekreuzt. Der Versuchung, die gleichen Zahlen zu nehmen, widerstand er. Er hatte das Gefühl, die Götter nicht herausfordern zu dürfen. Schließlich, dachte er lächelnd, sind zwei bis drei Millionen auch genug.

Nach Büroschluß gibt er den Zettel an dem Kiosk an der Ecke ab, trinkt noch zwei Magenliköre und geht dann langsam und gedankenvoll nach Hause. Am Samstag abend wird er mit der Tatsache konfrontiert, daß eine ganz andere Sprecherin den Ziehungsvorgang kommentiert als in seiner Vision, und infolgedessen fallen auch ganz andere Zahlen. Nur im zweiten Feld hat er zwei Richtige.

Wütend knüllt er seinen Lottoschein zusammen und empfindet diese Überraschung durch den Sender als das, was sie letztlich auch ist: tückisch und unfair.

ösbar wäre das Ganze eigentlich nur über eine Zeitmaschine, ein Gerät also, das den Spieler in die reale Situation der Ziehung der Zahlen führt. Er notiert sich das Ergebnis, kehrt dann in die Gegenwart zurück und kann dem Samstagabend völlig beruhigt entgegensehen. In der Tat war vor Jahren einem gewissen Seelbacher aus Traben-Trarbach eine solche Erfindung gelungen — ein Traum, nicht nur der Lottospieler, schien endlich zur Wahrheit geworden. Aber die Lottogesellschaften erfuhren davon und versuchten natürlich, diese Erfindung, die die Menschheit weitergebracht hätte als jede Mondfahrt, zu unterdrücken. Sie boten Seelbacher eine einmalige Abfindung von 17 Mark sowie einen Freitip auf Lebenszeit. Seelbacher konnte sich diesem Angebot nicht entziehen — er zerstörte die Maschine und vernichtete auch sämtliche Pläne dazu. Das Wissen selbst ließ er sich in einer Hypnose aus dem Kopf ziehen. Aber dies alles hatte ihm trotzdem kein Glück gebracht: Er starb vor drei Jahren, völlig verarmt. Die 17 Mark waren längst aufgezehrt, und die Freitips hatten nur einmal einen Dreier ergeben.

Die ganze Sache ereignete sich zu der Zeit, als Hermann Neuberger, jetzt Präsident des DFB, noch Chef des Saarlottos war und soll auch auf seine Intentionen hin erfolgt sein. Der amerikanische Autor Charles Berlitz, der dieser Angelegenheit ebenso nachgegangen war wie der Deutsche Johannes von Buttlar, hatte Neuberger dieserhalb interviewt, der aber hatte steif und fest behauptet, von all dem nichts zu wissen. »Der einzige Seelbacher, den ich kenne«, hatte Neuberger damals behauptet, »war mal Linksaußen bei TUS Neuendorf, aber ich glau-

Zerronnene Hoffnungen

be, auch der hieß nicht Seelbacher, sondern Alfred Reetz oder so ähnlich.«

Neben der magischen Methode existiert noch als Abart die grafische. Bei diesem System sind nicht die Zahlen entscheidend, sondern das Muster, das die Kreuze auf dem Tippschein ergeben. Hier kann man nun ebenfalls versuchen, den Finger des Zufalls vorauszuführen: Ballt er die angekreuzten Felder zu engen Gruppen zusammen, verteilt er sie scheinbar planlos über das ganze Feld, fügt er sie zu exakten Dreiecken, geraden Reihen — horizontal oder vertikal — zusammen oder legt er sie in rechten Winkeln? Die Aufgabe des Spielers, der die grafische Methode präferiert, besteht darin, instinktiv zu ahnen, welche Muster der Zufall diesmal gestalten wird und welche den größten Eindruck der Wahrscheinlichkeit hinterlassen.

Wenden wir uns zum Schluß noch der Frage zu: Kann man Lotto lernen? In einer Untersuchung des Lottoforschers Falterbaum wird von einem Mann berichtet, der sich nicht davon abbringen ließ, zu glauben, man könne Lotto trainieren. »Ich werde jetzt erst mal jede Woche meine Zahlen ankreuzen, aber den Schein nicht abgeben. Erst möchte ich mal sehen, wie das so läuft.«

In der Tat gelang ihm ein Fünfer und zwei Wochen später hatte er sogar sechs Richtige. »Jetzt lohnt es sich«, sagte er, »den Schein abzugeben, anscheinend weiß ich jetzt, wie man's macht.« In der

Tat hatte er einen Monat später wieder einen Sechser und gewann 1,7 Millionen. Und alle Argumente können ihn nicht davon abbringen, daß sich Lotto üben läßt. »Ihr seht's doch«, sagt er immer wieder, wenn man ihn überzeugen möchte, »bei mir hat's problemlos geklappt.« Vielleicht hat er wirklich recht?

Hier bin ich zu Hause
und Lasse mich von
keinem Mann oder
Lottogewinn
verdrängen!
WC-Schlüssel
hier!
Handtuch
und Seife
-.55

5 Lotto – warum?

Es gibt immer wieder Lottogewinner, über deren Verhalten man nur den Kopf schütteln kann.

So zum Beispiel die Klofrau, die über zwei Millionen gewann, sich aber weigerte, ihren Arbeitsplatz zu verlassen. »Meine Kunden sind an mich gewöhnt, die würden mich vermissen«, sagte sie.

Das einzige, was sie tut: Die Groschen in ihrem Teller nimmt sie nicht mehr für sich, sondern überweist sie an die Dritte Welt.

Oder der Mann, der seinen Gewinn dazu nutzte, sich einen eigenartigen Jugendtraum zu erfüllen: Für 2,3 Millionen kaufte er Gummibärchen. Es war der größte Einzelauftrag in der Geschichte der Gummibärchen-Firma, und man setzte ihm ein

Denkmal in Gestalt eines riesigen Bären, der aus der Nähe seine Züge trug. Natürlich hat er damit alles erreicht, denn was will man mehr als ein Denkmal?

Die meisten Lottospieler aber führen ihre Gewinne vernünftigen Dingen zu wie Sportwagen, Champagner-Parties mit gutwilligen Mädchen und Häusern in Lugano. Außerdem erhöhen sie das Haushaltsgeld ihrer Frau im Schnitt um 5 Mark 90. Und viele sehen im Lotto überhaupt die einzige und letzte Möglichkeit, an Geld zu kommen.

Geld, Geld, Geld — sein einziger Gedanke

Ein Beispiel dafür liefert Wilfried Beckmann, 37, der erst nach vielen Umwegen auf das Lotto als Einkommensquelle stieß. »Ich werde noch wahnsinnig, wenn ich mir vorstelle, wieviele Milliarden Mark es auf der Welt gibt, ohne daß ich eine Chance sehe, wenigstens an eine heranzukommen«, so äußerte er sich schon als Jugendlicher gegenüber seinem Vater. Dessen Vorschlag, etwas Anständiges zu lernen, schlug er als Zumutung in den Wind. Er arbeitete mal dies, mal das, mal als Wirtschaftsprüfer, mal als Lokalreporter, dann wieder als Chef eines Schallplattenkonzerns — aber er konnte sich nicht entschließen, bei einer Sache zu bleiben und sich ganz darauf zu konzentrieren. »Ich muß Geld machen, Geld, Geld, Geld«, das war und blieb sein einziger Gedanke.

Er war schon über 30, als er erstmals daran ging, dieses Problem systematisch zu lösen. Die erste Idee, die er hatte, war die, nach Saudi-Arabien zu fahren und den Lieblingssohn von König Fahd vorm Ertrinken zu retten. In diesem Fall, so rechnete er sich aus, würde Fahd nicht drum herumkommen, ihm ein paar Millionen von seinen Petro-Dollars zu überweisen, wollte er nicht bei seinen Bekannten ins Gerede kommen.

Beckmann hatte schon alles vorbereitet: Er hatte sich in Alkoholabstinenz geübt, er hatte seinen Widerwillen gegen Hammelfleisch bezwungen, und er hatte die arabischen Worte einstudiert »Halt aus, mein Prinz, ich komme«.

Als er noch einmal alles durchcheckte, fiel ihm auf, daß sein ganzer Plan davon abhing, daß Fahds Sohn Nichtschwimmer war. Dies aber erschien ihm angesichts der hohen Kosten eine allzu gewagte Hypothese, und er ließ den Plan fallen. Wesentlich naheliegender erschien ihm der Überfall auf eine Bank. Und auch hier ging er mit System vor. Zwei Wochen lang eruierte er die Möglichkeiten vor Ort, indem er täglich nur kleine Einzahlungen machte, so zwischen 80 Pfennigen und zwei Mark.

Am Tag X fuhr er dann vor. Er hatte extra den Wagen seiner Frau genommen, um nicht über das Nummernschild ermittelt werden zu können, und er trug auch eine Maske, Typ Lustiger Teufel. Alles war genau festgelegt: Nach Übergabe des Geldes durch die Kassiererin, würde er sofort in den Wagen springen und ein paar Straßen weiterfahren. Er würde dort ordnungsgemäß parken, aussteigen und eines der Häuser betreten, wo er sich als Buchclub-Vertreter auszugeben vorhatte. So könnte er ein paar Stunden in den verschiedenen Wohnungen verbringen und dann ungestört nach Hause fahren. Dort würde er das Geld im Bücherregal hinter den 28 Lexikon-Bänden verstecken und es nach einem Jahr in die Reinigung bringen, um es waschen zu lassen. Danach würde er alles in einen Koffer packen und damit nach Rio de Janeiro fliegen oder nach Ottobeuren, das wußte er noch nicht.

Mit den Worten: »Hände hoch, dies ist ein Überfall!«, drang er in die Schalterhalle ein. Dabei griff er in seine Tasche, um die Pistole zu ziehen, holte aber zu seiner eigenen Überraschung eine Stange Lauch heraus. Damit war das Unternehmen gescheitert. Er lächelte verlegen, obwohl dies unter der Maske niemand sehen konnte, und erklärte alles für einen Scherz. Dann zahlte er wieder eine Mark zehn ein und verließ mit einem hastig gemurmelten Gruß den Tatort.

Nachdem also auch dieser Versuch fehlgeschlagen war, probierte er es als nächstes mit reicher Heirat. Er wählte dazu den Weg einer Anzeige, wobei er sich entschloß, die Karten auf den Tisch zu legen. Außerdem wählte er einen aggressiven Einstieg.

Gesucht, schrieb er, die Frau, die ich in zehn Jahren kennenlernen werde und die dann sagen wird, warum haben wir uns nicht schon vor zehn Jahren kennengelernt. Vermögen Voraussetzung, am besten einige Millionen, denn es liebt sich leichter, wenn einer von beiden reich ist, und da ich es nicht bin, müßten Sie es sein. Wollen Sie?

Er bekam tatsächlich etliche Zuschriften, darunter auch einige von Männern, die ihn baten, von seinen Erfahrungen mit dieser Methode zu berichten. Unter allen Einsendungen von Frauen (eine hatte ihm geschrieben, sie hätte zwar keine Millionen, sei aber fest davon überzeugt, ihn in zehn Jahren zu treffen) suchte er eine Dame mittleren Alters heraus, die ihre Millionen mit Babysitten gemacht hatte und die Beckmann, als er zum erstenmal mit ihr ins Bett ging, ein Schlaflied sang.

Sie hatten alle Papiere schon fertig und auch die Hochzeitsreise, die von Venedig über die Bahamas nach Dinkelsbühl führen sollte, festgelegt, als ihm im allerletzten Moment einfiel, daß er bereits verheiratet war. So fiel auch diese einmalige Chance ins Wasser.

Er erwog nun, einen Bestseller zu schreiben und arbeitete mehrere Wochen wie ein Besessener. Doch der Verlag schickte ihm das Manuskript zurück mit der kühlen Bemerkung, das Buch erinnere stark an Hemingways »Der alte Mann und das Meer«, genauer, es sei Wort für Wort mit diesem identisch. Und auch die drei Schreibfehler sowie die Änderung des Titels in »Liebling, laß' uns fischen gehn« könnten das Ganze nicht als Eigenleistung profilieren.

Beckmann, deine Qual hat ein Ende

Mit dem Gefühl, nunmehr zum allerletzten Mittel zu greifen, ging er mit seinen letzten 130 Mark in die Baden-Badener Spielbank und gewann fast 8000 Mark. In einem Anfall von Übermut setzte er alles auf Rot und verlor. In der Absicht, sich als souveräner Verlierer zu zeigen, warf er dem Croupier einen Groschen hin, mit der hochmütigen Bemerkung »für die Angestellten«, und wurde daraufhin grob vor die Tür gesetzt.

Als er bettelarm durch die Nacht zu seinem Wagen schlich, um alle Hoffnungen betrogen und ziemlich verzweifelt, hörte er mit einem Mal eine Stimme. Sie war nicht sehr laut, aber sehr deutlich, und sie schien irgendwie von oben zu kommen. Sie sprach: »Höre, Wilfried Beckmann, mein Sohn, deine Qual hat ein Ende. Notiere dir folgende Zahlen: 1, 9, 10, 13, 37, 40. Hast du?«

»Ja, ja«, sagte Beckmann, »Augenblick noch, ich muß mir's aufschreiben, sag's doch bitte noch mal.«

Daraufhin sagte es die Stimme noch mal und fügte hinzu: »Gehe hin, hol dir einen Lottoschein und kreuze die Zahlen an. Klar?« Und Beckmann ging hin am nächsten Tag und holte sich einen Schein und kreuzte die Zahlen an, wie ihm die Stimme befohlen hatte. Und er setzte sich am Samstag gespannt vor den Fernseher und fieberte dem Ergebnis entgegen, und siehe, es kamen ganz andere Zahlen.

Als er noch ratlos vor sich hinstarrte und überlegte, was das solle, hörte er wieder die Stimme. »Du glaubst aber auch wirklich alles«, sagte sie und verklang mit einem trockenen Lachen.

Beckmann versucht es jetzt mit Erfindungen.

Glücksgefühle: Ein Tresor voller Geld

6 Politische Einordnung

Immer wieder taucht die Frage auf: Wo steht der Lottospieler politisch? Die Antwort darauf fällt überraschend leicht: Er steht da, wo er gerade will.

Natürlich ist die verweltlichte Form des Lottospiels, also die um Geld, ein Kind des Kapitalismus. Allerdings gibt es auch eine sozialistische Variante, aber sie bringt nicht viel. Vor allem weil man dort von der Erkenntnis ausgeht, daß man sich in einem Land, in dem der Kommunismus herrscht, sowieso nichts kaufen kann. Deshalb bekommt man das meiste Geld auch bei drei Richtigen, denn da ärgert man sich. Bei einem Haupttreffer erhält man dagegen nur 5 Rubel oder Zsloty und kann sich vergnügt die Hände reiben. Im Grunde aber wird dort Lotto vor allem im Untergrund gespielt, wo man für einen Sechser ein geschmuggeltes Päckchen Marlboro bekommt.

So bleibt also das Lottospiel eine vorwiegend westliche Angelegenheit, und der typische Spieler hat auch keine anderen Ziele als schnelle Wagen, exotische Urlaubsländer sowie hübsche Frauen, die für 150 Mark aufwärts eine ganze Menge mit sich anstellen lassen.

Insofern steht er innerlich ganz auf der Seite Amerikas, und auch Caspar Weinberger kann daran nicht viel ändern, außer er fordert die Einberufung aller Lottospieler zur Stärkung des Nato-Verteidigungspakts. Vor allem die amerikanische Art des Glückspiels begeistert ihn. Als kürzlich ein 15jähriger Deutscher, der gerade in Las Vegas einen einarmigen Banditen bediente, von Life interviewt wurde, äußerte er sich begeistert über diese Möglichkeiten. »Wunderbar«, sagte er, »man verliert sofort und muß nicht bis Samstagabend warten.«

Lottospieler sind durchweg glatt rasiert, wobei ein kleiner Oberlippenbart vorkommen mag, sie sind einfach, aber reinlich gekleidet und sie wählen eher konservativ. Denn auch wenn sie der Arbeiterklasse entstammen, so zeigen sie durch ihr Lottospiel, daß sie sich danach sehnen, der herrschenden Klasse anzugehören, und mit revolutionärem Umsturz und gesellschaftlicher Änderung von unten nichts im Sinn haben. Deshalb mögen sie auch Demonstrationen nicht, bei denen langbärtige Langhaarige, Transparente vor sich hertragen. »Was laufen die hier herum und halten den Verkehr auf«, so die Meinung des Lottospielers laut Noelle-Neumann, »die sollten sich lieber zu Hause hinsetzen und ordentlich ihren Schein ausfüllen wie andere anständige Leute auch.«

Der Lottospieler ist also kein Weltverbesserer, seine Ansichten sind hier mehr pragmatisch. »Die müßten nur ein bißchen konsequenter tippen«, so seine Meinung über die Dritte Welt, »und auch mal ein paar 40er-Zahlen ankreuzen, dann ginge es denen auch mal besser. Statt der wenigen Kredite an Leute, die sich nicht selbst zu helfen wissen, sollte man ein paar Lottoscheine hinbringen und anstelle von Stahlwerken Annahmestellen errichten, das wäre viel gescheiter. Ein paar Entwicklungshelfer, die denen in der ersten Zeit beim Ankreuzen helfen, meinetwegen auch.«

Im Grunde, so sein Weltbild, sollte man pro Woche so um die zwölf Mark anlegen, über verschiedene Bandbreiten* gehen und dranbleiben, dann wird's schon klappen. Jeder ist seines Glückes Schmied, hilf dir selbst, dann weißt du auch, wie

*Bandbreite: Zahlenstrecke zwischen der ersten und letzten Zahl einer Tippreihe. Je größer die Bandbreite — die größte reicht von 1 bis 49 — um so weiter ist das Netz. Je kleiner sie ist — die kleinste ist sechs, z. B. von 20 bis 25 — um so enger ist es in diesem Abschnitt.

schwer das ist, und das Glück ist mit dem Tüchtigen — so seine Lebensmaximen.

Der Lottospieler ist also ein unpolitischer Mensch, genauer gesagt, er interessiert sich überhaupt nicht für Politik. Das äußert sich beispielsweise darin, daß er nur einmal in der Woche Nachrichten sieht — am Samstagabend nach der Ziehung, wenn er auf den späten Krimi scharf ist und das Gerät nicht abschalten möchte, um die Bildröhre zu schonen. Auf diese Weise wird er einmal in der Woche mit dem Weltgeschehen konfrontiert.

Eine Vier macht ihn überschwenglich

Seine Reaktion auf die bewegten Bilder hängt von seinem vorherigen Erfolg beim Lotto ab.

Ein Dreier z. B. stimmt ihn grundsätzlich wohlwollend, und da kann es schon mal passieren, daß er die Reise des Außenministers mit den Worten kommentiert: »Mach's gut, Genscher oder wie du heißt. Gib's ihnen, aber halt die Taschen zu, verstanden? Nicht immer gleich mit den Scheinchen winken! Denk dran — das sind meine Steuergroschen. Na los schon, du wirst's schon noch kapieren!«

Eine Vier macht ihn fast überschwenglich. »Schau dir den weißhaarigen Typen an«, sagt er beim Auftritt des Bundespräsidenten, »netter alter Knabe, wie mir scheint. Dufte, was er da über Berlin sagt. Den wähl' ich wieder.«

Bei einer Fünf gönnt er den Israelis ihre sämtlichen Ölquellen (»Aber ihr müßt mal wieder mit dem Benzinpreis runtergehen!«), und bei noch mehr Glück erteilt er pauschal der ganzen Sendung Absolution. »Egal auch, was die bringen in der nächsten Viertelstunde — ich find's großartig. Los Jungs, gute Reise, zeigt den Hottentotten mal die Deutschmarks.«

Hat er keine Treffer landen können, reagiert er mürrisch auf das Weltgeschehen. »Scheiß Polen, blödes Nicaragua, verdammter Tschad.« Auch das Wort zum Sonntag erregt seinen Ärger. »Was will der denn da? Kommentiert der etwa die Wetterkarte? Los, ab, husch, husch, verschwinde, laß den Krimi jucken!« Man sollte also immer wissen, wie sein Lottoergebnis war, wenn man einen Spieler um seine politische Meinung fragt. Es könnte sonst sein, daß man seinen blinden Haß auf die EG völlig falsch interpretiert.

Frauen haben keine Ahnung vom Lottospiel

7
Ein Sechsist?

Es konnte nicht ausbleiben, daß eine der zentralen Fragen unserer Zeit gestellt wurde: Wie ist das mit Lotto und der Frau?

Tatsächlich hat sich Lotto über Jahrtausende hinweg vor allem als eine Domäne des Mannes dargestellt. Frauen waren nur selten mit ausgefülltem Schein bei den Annahmestellen erschienen, und auch diese wenigen hatten sich meist von rücksichtslosen Männern zur Seite drängen lassen und waren entmutigt und unverrichteter Dinge wieder nach Hause gegangen. Das war zurückzuführen auf die Meinung, Lottospiel käme der Natur des Mannes besonders entgegen, und Frauen hätten keine Beziehung dazu.

Noch Magnus Hirschfeld vertrat die Ansicht, daß Frauen während des Eisprungs gar nicht in der Lage seien, sechs Zahlen anzukreuzen. Wilhelm Reich formulierte noch schärfer: »Wer einen Gebärmutterhals besitzt, dem müssen Begriffe wie Zusatzzahl ganz automatisch ein Buch mit sieben Siegeln bleiben.« Freud vermutete die Ursache woanders. »Frauen verweigern sich dem Lotto«, so der Vater der Psychoanalyse in seinem Buch ›Das Unbehagen am Lottospiel‹, »weil sie das Trauma nicht verwinden können, kein Mann zu sein.«

Die moderne Frauenbewegung sieht es anders. Die Frau habe nicht nur das gleiche Recht wie der Mann, sie sei auch erheblich begabter dafür. Reihenuntersuchungen hatten ergeben, daß Frauen viel öfter Zweier und Dreier tippen würden als Männer. »Sie brauchen vielleicht etwas länger dazu«, so Kate Millet, »aber das ist auch kein Wunder. Der Mann hat durch seinen Beruf jeden Tag neue Anregungen für seine Zahlenreihen, während die Frauen, von ihrer Hausarbeit abgestumpft, sich viel schwerer tun, erfolgversprechende Zahlenreihen anzukreuzen.« Außerdem fehle der Frau meist die Zeit und die innere Ruhe, um sich auf das Spiel zu konzentrieren. Da seien die Hausarbeit, die Erziehung der Kinder und oftmals noch eine Nebenbeschäftigung, um dem Mann das Lottospiel finanziell zu ermöglichen. Und hinzu komme noch die Belastung, sich dem Mann ständig als Geliebte zur Verfügung halten zu müssen, sowie der soziale Zwang, vor ihm niederzuknien und ihm die Füße zu küssen, was in einer normalen Ehe auch ca. eine Stunde pro Tag in Anspruch nehme.

Jedenfalls entstehen immer mehr Annahmestellen, bei denen nur Frauen ihren Tippschein abgeben dürfen. Besonders streitbare Vertreterinnen formieren ihre Kreuze in Gestalt einer Faust und meiden die 8, da diese Zahl in ihrem Äußeren zu sehr der Klischee-Vorstellung ähnele, die der Mann von der Frau habe.

Der Dreier soll Hauptgewinn werden

Typisch männlich sei auch, daß der Hauptgewinn sechs Richtige notwendig mache, und dies sei ja wohl der Gipfel des sechsistischen Chauvinismus'.

»Die Bevorzugung von Sechs«, so eine Frauenrechtlerin, »ist ein Schlag ins Gesicht jeder anständigen Zahl. Wir haben bereits bei den Lottogesellschaften interveniert und dringen darauf, daß in Zukunft die Sechs nicht mehr Schlüsselzahl ist, sondern höchstens noch 2 bis 3 Mark bringt. Hingegen soll man bei einer Drei den Hauptgewinn bekommen oder auch schon bei zwei Richtigen.« »Werden Sie Erfolg damit haben?«

»Wie üblich rennen wir gegen eine Wand. Denn obwohl eine ganze Menge einsichtiger und fairer Lottospieler unsere Ansichten unterstützt, wollen die Verantwortlichen bei den Lottogesellschaften davon nichts wissen.«

»Ein Beispiel für verkrustete Herrschaftsformen, nicht wahr?« »Es gibt kein besseres. Nur weil bisher immer die Sechs als Zahl für den Höchstgewinn angesehen wurde, hält man an dieser unseligen Tradition fest.«

»Und wie sehen Sie in diesem Zusammenhang die Mittwochszahlen, 7 aus 38?«

»Das ist keine ehrliche Alternative, jederfrau weiß, daß sie völlig unattraktiv ist. Lottospieler sind schließlich Männer, und kein Mann will mehr als Sechs, verstehen Sie?« Die Aussicht jedenfalls, daß es mal eine Zeit geben wird, wo Mann und Frau gemeinsam einen Lottoschein ausfüllen, scheint sich so schnell nicht verwirklichen zu lassen, auch wenn Männer in Selbsterfahrungsgruppen heute schon verzweifelt daran arbeiten.

Reaktion indes kommt auch von der konventionellen Frauenpresse: Ein bekannter Modeverlag aus Offenburg will Strickmusterbögen herausbringen, mit deren Hilfe Frauen ihren Lottoschein stricken können und dann die Zahlen mit Kreuzstichen markieren sollen. Zementierung eines Rollenspiels?

... begriffen ?
– ALso noch nicht !

8 Philosophisches Zwischenspiel

Das Lottospiel gehört zweifellos zu den großen Mysterien. Es begleitet den Menschen, wie wir gesehen, seit seinen frühesten Anfängen, und viele behaupten, es sei sogar älter als der Mensch. Laut Erich von Däneken haben die Außerirdischen das Lotto bei einer Zwischenlandung vor 70 Millionen Jahren auf die Erde gebracht. Das wäre so in der späten Kreidezeit gewesen oder auch ein, zwei Wochen später. Der Esoteriker Eliphas Levi geht sogar soweit, zu behaupten, der Mensch sei nur des Lottos wegen überhaupt erschaffen worden. Aber bevor nicht die Schriftenrollen vom Roten Meer völlig entziffert sind, wird dazu nichts Endgültiges zu sagen sein.

Jedenfalls hat Schliemann den ersten Lottoschein bei Troja gefunden, und mit dieser Tatsache muß man zunächst einmal leben.

Fest steht, daß die frühen Philosophen im Lottospiel eine Verschlüsselung der Welträtsel sahen, und viele neigen zu der Ansicht, daß unter den Pyramiden ein paar prima Sechser liegen. Aber solange die Pyramiden noch als Grabkammern gelten, will sie natürlich niemand abreißen, um nachzusehen, was drunter ist. Das müssen wir Späteren überlassen.

Auch in der jüdischen Mystik spielte das Lotto eine Rolle. So hat der berühmte Rabbi Löw (der mit dem Golem) gesagt: Neben der Kabbala und dem Schnittmuster für ein ärmelloses Bolerojäckchen ist das Lottospiel eine Wurzel all unseres Wissens, besonders was die Zahlen zwischen 11 und 12 betrifft. Löw will auch von der Auswahlwette nichts wissen. »Das ist alles Späthellenismus«, soll er gesagt haben, »Produkt eines dekadenten Zeitalters, modifiziert, verkünstelt und unfroh.« Jedenfalls ohne die archaische Kraft der eigentlichen Lotto-Idee, die auch Löw im Samstagslotto verwirklicht sieht. »Geht immer wieder nur auf den Urtext zurück«, empfahl er seinen Schülern, »lest die 49 Zahlen und besteht auf ihnen, laßt euch nicht mit 45 abspeisen.«

Löw selbst hat bei seinen berühmten Pfefferminztee-Abenden immer wieder gerade die Zahlen 46 bis 49 untersucht. Ohne diese, so meinte er, versteht man nichts.

Der Streit darüber ging über die Jahrhunderte, und man fragt sich, ob das Ganze wirklich den 30jährigen Krieg wert war. Das einzige, was wir davon haben, ist die Tatsache, daß Deutschland seit damals ein geteiltes Land ist — in einen Mittwochs-lotto-Norden und einen Samstagslotto-Süden. Und das wird auch so bleiben, wenn man die letzten Reden von Franz Joseph Strauß in der Passauer Nibelungenhalle richtig deutet.

Die Welt, das Leben, der Mensch, die Butterblume, verschlüsselt im Lottospiel? Angesichts des rätselvollen Reizes, den die 49 Zahlen Woche für Woche auf den Menschen ausüben, sicher kein zu hoch gegriffener Anspruch.

Sartre als Verlierer

Der Mensch, so wußte es bereits die griechische Stoa, ist ein typischer Dreier. Er sieht die Chance zur Sechs, doch ist sie für ihn so gut wie unerreichbar. 9 Mark 50, mehr ist für ihn nicht drin, das ist das Leben. Dem hielten die Sophisten ihr berühmtes: Na und? entgegen, und Sokrates mußte dafür auf den Scheiterhaufen aus Schierlingskraut. Seine letzten Worte aber zeigten ihn unerschüttert: »Vergeßt nicht, beim Äskulap meinen Schein vorbeizubringen.«

Spätere Philosophen, so der Franzose Pascal, wollen in der prinzipiellen Vergeblichkeit des Tippens das menschliche Schicksal schlechthin symbolisiert sehen. Pascal jedenfalls war darüber so erbittert, daß er sich hinsetzte und die euklidsche Geometrie noch einmal erfand. »Ich muß etwas tun, was Sinn hat«, sagte er, »diese ewige erfolglose Tipperei macht mich noch ganz krank, ehrlich.«

Anders sein Kollege René Descartes. »Ich tippe, also bin ich«, sagte er selbstbewußt. Ihm genügte der Vorgang des Ankreuzens, um sich seiner Existenz sicher zu sein. »Ich *wäre* nicht mehr, auch wenn ich tausend Sechser *hätte*«, soll er gesagt haben, »ich hätte dann nur mehr und müßte den ganzen Quatsch hier nicht mehr machen.«

Bei Schopenhauer ist der Wille des Menschen zum Hauptgewinn entschieden stärker ausgeprägt als die Vorstellung, ihn tatsächlich erreichen zu können, und bei Nietzsche ist der Übermensch schlechthin der Spieler, der jeden Samstag einen Sechser hat.

Ganz anders Sartre, dessen Hauptwerk »Der Schein und das Nichts« von tiefem Pessimismus erfüllt ist. Sartre schrieb dieses Buch bekanntlich an einem einzigen Wochenende. Sartre war auf eine glatte Fünf gekommen, aber Simone de Beauvoir hatte vergessen, den Schein abzugeben. Um seinen Frust loszuwerden, schrieb er in 48 Stunden sein Hauptwerk, nur von schwarzem Kaffee und gefüllten Berlinern vorangepeitscht. »Wenn einem so ein Gewinn durch die Lappen geht, bleibt einem gar nichts anderes übrig, als Philosoph zu werden«, soll Jean Marais gehöhnt haben.

Anders bei Kafka. Bei ihm ist die Sechs Gott, und der Mensch tut nichts anderes, als immer wieder zu versuchen, dieses höchste Wesen zu erreichen. Kafka war dankbar für jede Drei, weil er davon überzeugt war, daß man damit Gott schon erheblich näher war als bei einer Zwei. Den bescheidenen Gewinn vertrank er auf dem Weg von seiner Versicherungsgesellschaft nach Hause. In seiner berühmten Parabel »Der Lottowächter« spricht er es aus: Ein Leben lang wartet der Lottospieler vor der Annahmestelle, aber er kommt nicht dran. Als er sterbend dem Lotto-Einnehmer seinen Schein entgegenstreckt, sagt dieser: Diese Annahmestelle war nur für dich gedacht. Ich gehe jetzt hin und schließe sie.

Die Abendländische Geistesgeschichte ist ohne das Lotto nicht denkbar. Der Petersdom beispielsweise ist nach einem Grundriß gebaut, der die Wurzel 6 aus 49 darstellt. Und die Berliner Kongreßhalle wäre nicht eingestürzt, hätte man sich bei der Konstruktion der Toilettenräume an dieses Gesetz gehalten. Und noch ein Beispiel: Der Eiffelturm ist mit seinen 300 Metern genau 10 mal 49 minus 190 hoch. Das sollte zu denken geben.

Setzen Sie meinem Andi ein Denkmal! Er hat es sich schwer verdient!

9 Ein exemplarisches Leben

Es muß reizvoll sein, das Leben eines Lottospielers einmal als ganzes Panorama auf einen Blick abrollen zu sehen.

Doch das ist fast nicht möglich, denn was wissen wir von dem einzelnen — Ausschnitte vielleicht, seine Ankreuzmethode, einen, zwei magere Erfolge, mehr nicht.

Um so begrüßenswerter ist es, daß uns mit dem Lebenslauf des Andreas Brucher eine komplette Spieler-Biografie vorliegt, die wir in dieser Vollständigkeit seinen Eltern verdanken, die vor drei Jahren, als Brucher im Alter von 87 verstorben war, dem Verfasser dieser Zeilen einen fast lückenlosen Bestand an Lottoscheinen sowie Aufzeichnungen persönlichster Art übergeben konnten, mit der Bitte, ihrem Andi ein kleines Denkmal zu setzen.

Das Bemerkenswerte an diesen Unterlagen ist, daß sie Brucher als einen recht durchschnittlichen Lottospieler ausweisen, so daß sein Leben als exemplarisch angesehen werden kann. Wie die meisten Lottospieler begann auch Andreas Brucher sehr früh mit dem Spiel. Schon im Kindergarten zeigt sich sein Talent, aber wohl auch sein Bedürfnis, überallhin Kreuze zu malen. Die Eltern, auf diese Begabung aufmerksam gemacht, gaben ihm einen Schein des Mittwochslottos (Andi konnte noch nicht bis 49 zählen), und der aufgeweckte Junge kreuzte fast fehlerfrei acht Kästchen an (er war der Meinung, man müsse die Zusatzzahl auch markieren).

Hier tippe ich, ich kann nicht anders

In der Schule widmete er sich dann diesem Spiel in fast manischer Form. Er tippte unter der Bank, oder er legte den Schein ins Geografieheft und versuchte dem Lehrer gegenüber so zu tun, als spiele er Schiffeversenken. Immerhin wird aus den damaligen Scheinen bereits seine ganze spätere Spielanlage erkennbar — das Spontane, Inspirative, das fast Fiebrige seines Ankreuzens. Die Pranke des späteren Lottolöwen ist fast bei jedem Spiel erkennbar.

Natürlich lassen sich die depressiven Phasen in der Pubertät auch auf dem Lottoschein nicht verleugnen. So ist uns ein Schein aus seinem 16. Lebensjahr erhalten, dessen Zahlen 9, 10, 12, 13, 48 und 49 Lebensangst und Weltfluchtgedanken gleichermaßen erkennen lassen. Doch von diesen altersbedingten Ausnahmen abgesehen, hatte sein Spiel immer etwas Erdhaftes und Souveränes. Mehr und mehr erlangte er die Sicherheit, die an den Lutherspruch erinnert: Hier tippe ich, ich kann nicht anders, am Samstagabend werden wir sehen!

Er legte trotz allem ein glanzvolles Abitur ab und verehrte dem Lehrerkollegium zum Abschied eine Tippreihe, die einen Vierer gebracht haben soll.

Anschließend absolvierte er eine Banklehre, mit dem Ziel, Zweigstellenleiter zu werden. Mehrere Frauen kreuzen seinen Weg, von denen Judith Perthes, die spätere dritte Frau des Billard-Europameisters van Keukeren, seine große, aber unglückliche Liebe wird. Wir können dieses Erlebnis nachlesen in den Zahlen dieser Zeit: Die fast monoton wiederkehrende 22 erzählt uns mehr als ausführlich von der verzweifelten Lage, in der sich Brucher damals befand, und die fast in die Ausweglosigkeit führte. Mehr als einmal war Brucher nahe an der sogenannten »Selbstmord-Kombination«, wie Lotto-Psychologen die Reihe 3, 4, 17, 31, 32, 33 nennen.

Aber das Schicksal wendete sich. Brucher lernte Anna Prestin kennen, ein sympathisches Mädchen, das als Kassiererin seine Kollegin war, und bei ihr fand er wieder seine innere Ruhe. So folgte nun eine lange Phase ausgeglichenen Spiels, bis auf das kurze und flüchtige Abenteuer mit einer unsoliden Kreditnehmerin, für die Brucher eine vorübergehende Leidenschaft empfand, die aber auf seine Ehe und sein Spiel kaum Auswirkungen hatte, sieht man von der etwas ungewöhnlichen Vorliebe für die Zahlen der 30er-Reihe ab, die sich für diese Zeit nachweisen läßt.

Mit 40 hatte Andreas Brucher sein selbstgestecktes Ziel erreicht. Er war Filialleiter in der Rosenbergstraße geworden, bewohnte eine schöne Wohnung in

Hanglage und hatte zwei Kinder, ein Zwillingspärchen, dem er eine seiner berühmtesten, aber auch erfolglosesten Tippreihen widmete: 2, 3, 12, 13, 22, 23.

Mit seinen Kindern ging er oft spazieren, bastelte Modellflugzeuge oder füllte Scheine aus. Theo, der Knabe, schien das Talent seines Vaters geerbt zu haben. In seinem temperamentvollen Spiel erinnerte er damals schon an den jungen Brucher.

Dieser fuhr nun einen Mercedes, den er sich durch zwei überraschend opulent ausgefallene Vierer leisten konnte, und seine Verhältnisse durften als geordnet gelten. Auch spielerisch sehen wir ihn jetzt auf der Höhe seines Könnens. Wie viele Spieler in diesem Alter bevorzugte er kantenlose und unaufwendige Reihen, z. B. 7, 9, 15, 27, 34, 48.

Sein Spiel gewann an Reife

Manchmal zauberte er virtuos eine Zweier- oder auch Dreierkombination, wie seine berühmte 19, 20, 21, die ihm einen Dreier brachte, aber im Prinzip strebte er nach Vereinfachung. »Alles muß wie selbstverständlich aussehen«, sagte er einmal, »man darf die Anstrengung des Nachdenkens nicht merken. Heute erst sehe ich, welche Fehler ich früher gemacht habe — alles zu exaltiert. 4, 7, 8 beispielsweise würde ich heute nie wieder ankreuzen.«

Brucher tippte jetzt gerne nachts, und seine Frau, die seine Figur im Auge hatte, schaute immer nach, ob er nicht zum Kühlschrank ging — ein Verdacht, der ihn irritierte und mancher harmonisch angelegten Zahlenreihe Abbruch tat.

Im Alter von 51 machte ihm sein Herz Ärger, und er ging für einige Wochen in Kur. Die Bad Wildunger Scheine sind die Frucht dieses Aufenthaltes. Eine tiefe, aber vergebliche Zuneigung zu einer Regierungsratswitwe, die ebenfalls kurte, finden ihren unverkennbaren Niederschlag: Ein Zug von Größe und Tragik tritt in seine Kombinationen, und die Reihe mit der 13, 19 und 20 atmet bittere Resignation.

Doch scheint sein Spiel durch dieses späte Erlebnis an Reife gewonnen zu haben, obwohl sich Gewinne, selbst bescheidene, nicht mehr einstellen.

In diese Jahre fällt auch sein »Schicksalsschein«, wie er ihn nannte: Alle sechs gezogenen Zahlen lagen direkt neben seinen getippten. »Da wußte ich«, sagte Brucher, »daß ich mit keinem nennenswerten Gewinn mehr rechnen durfte. Irgendwie sah ich darin ein Zeichen — die Perfektion meines Mißlingens war zu augenfällig.«

Es spricht für Brucher, daß er trotz dieser Ahnungen weiterspielte, und in den Scheinen des über 80jährigen ist eine Weisheit und tiefe Menschlichkeit spürbar, die ergreift. Nichts scheint hier mehr gewollt, nichts wird durch Absicht befleckt — Nietzsches Zeile: Rings nur Welle und Spiel! drängt sich einem auf, wenn man sich mit Reihen wie 5, 15, 17, 34, 35 und 41 beschäftigt.

An einem Freitagabend — er hatte gerade selbst noch seinen Tippschein abgegeben — ist Andreas Brucher gestorben. Er durfte nicht mehr erleben, daß ihm eine Zwei gelungen war. »Mein Leben?«, sagte er einmal in seinen letzten Jahren, »ich weiß nicht, ob ich etwas daraus gemacht habe. Einen Mercedes habe ich gewonnen, nun gut. Aber wichtiger ist natürlich, daß meine Kinder gesund sind und daß Theo originelle und kraftvolle Kombinationen spielt. Aber wenn ich heute zurückdenke, dann war die schönste Zeit meines Lebens die, als ich damals unter der Bank tippte. Oder auch später, als ich 17 war und mit Lisa unter einem blühenden Forsythienstrauch zwei wunderschöne Dreierkombinationen fand. Überhaupt experimentierte ich damals viel mit Dreiergruppen, die von der Einer- in die Zweierreihe wechselten, also 8, 9, 10 oder 9, 10, 11, auch eine 9, 11, 12 war einmal dabei. Ja, wenn ich an all das denke, so glaube ich, daß ich letztlich doch glücklich gewesen bin.«

Seine Mutter war da anderer Ansicht. Ein Jahr nach Andis Tod vertraute sie einem Bekannten an: »Ich befürchte eigentlich, daß Andi immer ein melancholischer Mensch gewesen ist. Über die Tatsache, daß ihm kein Fünfer gelang, ist er meiner Ansicht nach nicht hinweggekommen.«

Woher nehmen wir das viele Geld, wenn Eure Majestät gewinnen – woran ich nicht zweifle?
G. Bri

10 Bedeutende Lottospieler

Die Zahl bedeutender Persönlichkeiten, die begeisterte Lottospieler waren, ist fast endlos.

Einer der frühesten war Euklid, der übers Lottospielen zur Geometrie fand, oder auch der legendäre Prokrustes, von dem der Ausspruch stammt: Alles auf der Welt muß zwischen den Zahlen von 1 bis 49 Platz haben.

Simon Bolivar spielte ebenso besessen wie Ludwig XIV., der aber immer darauf hoffen mußte, nicht zu gewinnen, da er sich hätte selbst den Gewinn auszahlen müssen, denn der Staat war er. Robert Koch wäre zu nennen, dem beim Tippen der Tuberkel-Bazillus einfiel. Oder Albert Einstein, von dem die Theorie des endlos erscheinenden, aber dennoch endlichen, gekrümmten Lottoscheins stammt (»Die 50 ist eigentlich wieder die Eins!«). Oder Lenin, der ebenso fanatisch wie erfolglos tippte und aus Wut darüber die russische Revolution erfand. Was wäre wohl geschehen, hätte Lenin damals in Zürich eine glücklichere Hand gehabt — der verplombte Zug wäre ohne ihn abgefahren.

Diese Aufzählung muß unvollständig bleiben, sie wäre aber noch unvollständiger, wollten wir nicht Richard Velderströms gedenken. Richard Velderström kennt kein Mensch, aber damit teilt er das Schicksal vieler Genies.

Velderström — sein Großvater war Schwede, ein ehrbarer Pornohändler aus Einköping am Mälarsee und während des 30jährigen Krieges mit Gustav Adolf nach Deutschland gekommen — wurde irgendwann im 18. Jahrhundert geboren. Schon kurz danach erwies sich der gesunde Knabe, der seinen Spaß daran hatte, Säuglingsschwestern die Zunge herauszustrecken, als ein musikalisches Genie erster Ordnung. Noch in der Klinik lernte er Klavier, und, kaum zu Hause, spielte er das Konzert für drei Klaviere von Bach ganz allein. Über den Dreijährigen sagte der damals vierjährige Mozart, der ihn während seiner frühen Tourneen traf, »ich kann ihm nichts mehr beibringen.« Eine glänzende Karriere schien vor Velderström zu liegen — als Wunderkind, und später — vielleicht ab zwölf — als reifer Meister. Er schrieb in schneller Folge mehrere Sinfonien, zwei ganze Opern und eine Reihe von Filmmusiken. Man würde ihn heute zweifellos in einem Atem mit Beethoven, Schubert und Franz Grothe nennen, hätte er nicht die Bekanntschaft eines Jungen gemacht, der ihm unter der Hand den ersten Lottoschein seines Lebens zeigte und sagte: »Laß doch die Musik, die bringt nichts, hier, spiel Lotto.«

Dies war Velderströms entscheidendes Erlebnis, er verfiel dem Lotto, sagte alle Klavierstunden ab und begann ein unruhiges Zigeunerleben.

Zunächst verlor sich seine Spur

»Ich bin besessen von der Idee eines perfekten Sechsers«, schrieb er an einen Freund. »Einige großartige Zweier sind mir in letzter Zeit gelungen, und einmal war ich sogar dicht an einer Drei — ich hatte 29 angekreuzt und 32 kam —, und das macht mir Mut. Sollte mir das Große nicht gelingen, so wirst du nie wieder etwas von mir hören. Dein unglücklicher Ritschie.«

»Ich brauche Geld, viel Geld«, schrieb er an einen anderen Freund, den Bürgermeister von Ansbach, »eine Million, zwei Millionen, vielleicht auch mehr. Aber auch mit 15 Mark wäre mir fürs erste geholfen. Schicke mir, was Du erübrigen kannst!« Daraufhin verliert sich seine Spur, und wir treffen ihn erst wieder, als er in den Steinbrüchen eines Ortes in der Herzegowina arbeitet, dessen Name an ein jugoslawisches Hackfleischgericht erinnert. Dort verdiente er etwa 3000 Slovenkis im Monat, was nach unserer Währung 23 Pfennigen entspricht. Bald sah er ein, daß er damit seinem Ziel in absehbarer Zeit nicht näherkommen würde, er kündigte fristgerecht und schiffte sich nach Amerika ein, um als Assistent von Charlie Chaplin am Goldrausch teilzunehmen.

Endlich gelang ihm ein Sechser

Doch das Schicksal wollte es anders: Auf der Mauretania sprang er für den seekrank gewordenen Barpianisten ein, und in der Nähe des Saragossa-Meeres verliebte sich eine amerikanische Millionärstochter in ihn und verabredete sich mit ihm für die gemeinsame Äquatortaufe. Da sie aber den Äquator nicht überquerten, sagte sie »gut, dann heiraten wir eben stattdessen.« Nun schien seinem Glück nichts mehr im Wege zu stehen. Das junge Paar zog nach New York und kaufte sich ein Penthouse an der 5th Avenue, wo er die wenigen glücklichen Jahre seines Lebens verbringen konnte. In rascher Folge gelangen ihm mehrere Zweier und Dreier, aber als sein Schwiegervater die Lottogesellschaft aufkaufen und die Kugeln präparieren lassen wollte, lehnte er ab.

Wieder meldete sich das Schicksal zu Wort. Seine Frau lernte einen internationalen Tennisstar kennen und ließ sich von Velderström scheiden. Er wurde mit einer Million abgefunden, die er an einem Wochenende einsetzte. In der Tat gelang ihm ein Sechser, aber der unglückselige Lotto-Einnehmer hatte den Schein nicht weitergeleitet, sondern sich mit der Million abgesetzt. Damit war Velderströms Leben vernichtet. Er bestieg die »Gorch Fock« und finanzierte seine Überfahrt nach Europa, indem er einer dicken reichen Witwe während der ganzen Reise mit der New York Times Luft zufächelte. Nach seiner Rückkehr trat er in das Preußische Heer ein; in der Schlacht bei Jena und Auerstedt ist er dann in vorderster Front gefallen.

Richard Velderström ist einer der großen Unbekannten geblieben. Es existieren noch ein paar Tippscheine aus seiner letzten Zeit, die zum Großartigsten gehörten, was wir in diesem Bereich kennen. Die Zahlenreihen wirken fast schluchzend, und einige erinnern in ihrer namenlosen Schönheit an ein Schubertsches Adagio.

Velderströms musikalisches Werk darf als verloren angesehen werden. Es lebt nur noch in den ersten drei Takten in Mahlers Siebter Sinfonie weiter sowie in dem Schlager »Laß mich heut abend nicht allein...!«

Velderström war ein Beispiel. Wer weiß, wieviele Weltgenies ihre einzigartige Begabung auf dem unerbittlichen Altar des Lottospiels geopfert haben. Und vielleicht wäre auch das Werk Dostojewskis ungeschrieben geblieben, wäre jener nicht dem Roulett, sondern dem Lotto verfallen.

INK

11 Lotto in Weimar

Lotto-Annahmestellen gibt es an jeder besseren Ecke. Wo immer man Zeitungen, Zigarren und Pfefferminz erstehen kann, kann man auch seinen Schein abgeben.

Aber: Kiosk und Kiosk muß nicht dasselbe sein, wie es ja auch zwischen dem Null-Acht-Fünfzig-Lokal und den Maxim's Unterschiede geben kann.

Und so haben auch ein paar Lottostellen Popularität erreicht, nicht etwa weil sie durch häufige Gewinne von sich reden gemacht haben, sondern aufgrund ihrer illustren Klientel.

Berühmt beispielsweise war die Lotto-Annahme von Gottlieb Gutzkow in Weimar, wo Goethe und Schiller ihre Scheine hinbrachten. Sie zogen Gutzkow allen anderen vor, weil der die Lakritzstangen hatte, von denen Schiller in seinen Briefen an Charlotte Kalb so schwärmt. Dort machten sie auch die Bekanntschaft von Heinrich von Kleist, aber es wurde keine rechte Freundschaft draus. »Ich mag diesen Menschen nicht«, äußerte sich Goethe zu Schiller, »die Art, wie er seine Kreuze macht, hat etwas Krankhaftes.«

Tatsächlich war ja Kleist von dem Ehrgeiz zerfressen, ein besserer Lottospieler zu sein als alle anderen. Er wollte die Fünf von Euripides mit der Sechs von Shakespeare vereinen und ein gewonnenes Spiel 77 noch obendraufsetzen. Kein Wunder, daß Goethe diese Maßlosigkeit abstieß. Auch der schüchterne Hölderlin kam ab und zu vorbei, aber er war zu schüchtern, um seinen Schein abzugeben, so daß Schiller das für ihn tun mußte. Hölderlin aber war leider auch zu schüchtern, um Schiller seine Auslagen zu ersetzen, verdrückte sich deshalb immer um eine Ecke, wenn er seines Landsmanns ansichtig wurde, so daß dieser verzweifelte Briefe nach Nürtingen schrieb.

Berühmt ist der Auftritt Beethovens, der Goethe zurückhielt, als dieser zur Seite treten und dem Herzog Platz machen wollte. »Nix da«, so Beethoven, »einen Hofrat, einen Geheimrat können sie wohl machen, aber keinen Goethe, keinen Beethoven, also das, was sie nicht machen können und noch lange nicht sind, davor müssen sie Respekt haben,

Die Dichter und Denker sind unsere besten Kunden. Die gewinnen nie!

das ist ihnen gesund. Bleib also stehen, wir waren zuerst da, der soll warten.«

Eine ähnliche große kulturgeschichtliche Bedeutung kommt auch dem Kiosk zu, den in unserem Jahrhundert der Elsässer Emile Wolfsleben auf dem Montparnasse betrieb. Hierher ließ sich Marcel Proust chauffieren, um seinen Schein abzugeben und eine kalte Cola zu zischen — das einzige Getränk, das ihm sein Arzt wegen seines Heuschnupfens erlaubte. Er plauderte dabei mit der Herzogin von Guermantes, und Wolfsleben erzählte immer wieder die Story, als eines Tages der Dadaist Tristan Tzara vorbeikam und sagte: Ich suche meine verlorene Zeit! Proust fiel es wie Schuppen vom Kopf — endlich hatte er den Titel für seinen siebenbändigen Roman, der seit Jahren fertig bei ihm zu Hause herumlag.

Auch der junge Picasso pflegte sich regelmäßig einzustellen, kriegte aber bei seinem steigenden Ruhm sehr schnell spitz, daß es einträglicher war, die von ihm ausgefüllten und unterschriebenen Scheine an seine Fans zu verkaufen, als auf einen unsicheren Gewinn zu warten.

In den zwanziger Jahren konnte man Hemingway hier begegnen, der immer zwischen zwei Safaris seinen Serienschein abgab und den Gewinn vom letzten sofort in Flachmännern anlegte. Auch Joyce tauchte ab und zu dort auf, konnte sich aber nicht zu einem Spiel entschließen, weil er zu sehr auf den

Ulysses konzentriert war. In den 30er Jahren dann sah man hier Henry Miller, der sich von Anais Nin seine Lotto-Leidenschaft bezahlen ließ. Es gibt ein Foto von ihm, von Man Ray aufgenommen, und man sieht darauf Miller, wie er gerade eine seiner obszönen Zahlenreihen ankreuzt.

Nach dem Krieg verlagerte sich das intellektuelle Leben bekanntlich vom Montparnasse nach Saint Germain, wo Sartre wirkte. Und dieser gab natürlich seine Lottoscheine bei Malmoulin ab, in der Nähe des Café de Flore. Heute ist Wolfslebens Kiosk verschwunden, es hat einem Parkhaus weichen müssen.

Eine gewisse Bedeutung erlangte auch die Annahmestelle von Paul Klobig, die dieser in den zwanziger Jahren am Berliner Nollendorfplatz betrieb. Und zwar deshalb, weil zu jener Zeit dort ein gewisser Axel Gossmann seinen Schein abzugeben pflegte. Gossmann arbeitete an einem experimentiellen Roman, als überraschend ein Hauptgewinn von gut zwei Millionen auf ihn fiel. Schlagartig ließ er seine literarischen Pläne fallen und verbrachte sein weiteres Leben in den exclusiven Hotels an der Côte d'Azur. Vorher hatte er sein angefangenes Werk seinem Arzt, einem gewissen Alfred Döblin gegeben, der es zu Ende führte und dann unter dem Titel »Berlin Alexanderplatz« herausbrachte.

Ja, so manche Lotto-Annahme könnte viel erzählen. Wenn Sie eine wissen, schreiben Sie's uns!

Ein guter Tip: Schaffe dir von deinem Anteil ein Gehirn an!

12 Lotto als Gemeinschaftserlebnis

Wenn wir hier schon von berühmten Annahmestellen sprechen, wollen wir gleich auch noch ein paar bedeutende Tippgemeinschaften anfügen.

Wie bei Trinkern, so unterscheidet man ja auch bei Lottospielern zwei grundsätzliche Typen: Die einen spielen bzw. trinken für sich allein, die anderen brauchen dazu die Wärme der Gemeinschaft. Tippgemeinschaften nennt man beim Lotto diese Gruppen, die sich aus mehreren Personen zusammensetzen, von denen immer ein anderer vergißt, den Tippzettel abzugeben. Tippgemeinschaften verdanken ihre Existenz dem Irrtum, man würde seine Chance deutlich erhöhen, wenn man nicht zwei Felder, sondern deren zehn ankreuzt. Beide Male, so weiß es die Statistik aber, ist die Chance gleichermaßen Nullkommanichts. Hingegen ist die Gefahr riesig, daß man teilen muß, wenn nach dem Gesetz der Unwahrscheinlichkeit doch einmal eine Zahlenreihe gewinnt. Interessant ist zweifellos, was mitunter aus Tippgemeinschaften werden kann, denn nur zu oft waren sie die Keimzelle einer großen Bewegung.

Weil beispielsweise ein Mitglied einer solchen Gruppe den ständigen Mißerfolg mit ungeduldigem Aktivismus beantwortete und den Satz sprach: »Verdammt, jetzt nehme ich aber mal die Kelle in die Hand!« (was immer das zu bedeuten hatte), entstanden die Freimaurer.

Auch eine andere Organisation war ursprünglich eine Tippgemeinschaft. Aber eines Tages sagte einer der Spieler, ein junger Sizilianer namens Lucky Luciano: »Warum vergeuden wir jede Woche unsere Zeit mit dieser erfolglosen Tipperei, laßt uns doch gleich das Geld bei der Lottogesellschaft abholen, und zwar *damit.*« Dabei deutete er auf seine MP, die er immer bei sich trug. Und nachdem sie ein paar Jahre lang Woche für Woche die Lottogesellschaft überfallen und ausgeraubt hatten, kamen sie auf die Idee, das hauptberuflich zu tun und sich Mafia zu nennen.

Und nicht zuletzt, auch die Bewegung des Protestantismus entstand aus dem Lottogedanken. Aufgebracht über Tetzels Ablasserei rief ihm der Mönch Luther zu: »Was wöllet Rom das Seelenheil ablassen, wenn man dem Gelde mit einem Lottoscheine ebenfalls beikömmet, so man nur das richtig Kreuz machet.« Er schlug dies als These an die Kirche zu Wittenberg und hing noch 94 weitere daran, die sich aber im wesentlichen mit Hinweisen und Systemüberlegungen befaßten — und schon war der Bruch mit Rom da.

Eine der amüsantesten Anekdoten zum Schluß: Im alten Griechenland hatte sich ein Spieler aus einer Tippgemeinschaft etwas vertrödelt. Als er merkte, daß es höchste Zeit war, raste er 42 km bis Athen, aber alle Lottostellen hatten schon geschlossen. Entseelt vor Schreck brach der Mann zusammen. So entstand der Marathonlauf.

Konzentrieren Sie sich bitte nur auf die Zahlen!
S. Freud

13 Lotto als Spiegel der Seele

In den letzten Jahren hat man immer wieder versucht, in den Zahlenreihen eines Lottoscheins einen Spiegel der Persönlichkeit des Spielers zu sehen.

Vor allem der Tübinger Psychologin Prof. Annemarie Wassermann-Keul haben wir es zu verdanken, daß wir über die Tippreihen eines Spielers Zugang zu seinem Inneren haben. Und schon längst gibt es tiefenpsychologische Tests, mit denen man frühkindliche Traumata aufdecken kann, um so den Spieler von Neurosen, Willensschwäche sowie von der Vorliebe, unreife Erdbeeren zu essen, zu befreien. Natürlich sind für solche individuellen Auslotungen ganze Testbatterien erforderlich, auf jeden

Fall aber die Zahlenreihen, die der Patient in den letzten zehn, fünfzehn Jahren getippt hat, aber so weit wollen wir hier nicht gehen. Uns kommt es darauf an, das Prinzip klarzumachen und grobe Charakterisierungen zu geben, die jeden Spieler in die Lage versetzen, seine hervorspringenden Eigenschaften zu erkennen.

Nicht mehr als das, aber auch nicht weniger sollte man von den folgenden Beispielen erwarten, die Frau Professor Wassermann-Keul für uns erarbeitet hat.

Betrachten Sie die hier gezeigten Tippreihen und entscheiden Sie sich für die, die Ihrer Art zu tippen am nächsten kommt. Lesen Sie dann — aber erst dann! — die dazugehörige Charakteranalyse.

2, 9, 16, 22, 29, 35.

Auf den ersten Blick ist die Ökonomie zu erkennen, mit der der Spieler das Zahlenmaterial ausnutzt. Aber beim näheren Hinsehen entdeckt man, daß der Abstand zwischen den Zahlen fast immer eine Sieben ist. Diese Gleichförmigkeit hat etwas Ermüdendes. Der Spieler ist zweifellos eine Persönlichkeit, auf die man sich verlassen kann, doch wird man von ihm spontane Ideen nicht erwarten dürfen. Sein Denken ist schematisch, und wahrscheinlich leidet er darunter, daß er nicht noch eine weitere Zahl — es wäre ohne Zweifel die 42 gewesen — ankreuzen kann. Dies gibt seinem Spiel einen penetrant bürger-

lichen Zug. Wahrscheinlich fährt er einen Diesel, bevorzugt Geranien und fährt im Urlaub mit einer Reisegesellschaft an den Ammersee. Etwas mehr Mut, möchte man ihm zurufen, und weniger Angst vor den Eltern, auch wenn diese bereits über 70 sind.

1, 9, 19, 25, 33, 49.

Auch hier wird das ganze Spielfeld genutzt, mehr noch als im vorhergehenden Beispiel. Der Spieler geht bei seiner Kombination an die absoluten Grenzen, denn die Eins ist ebenso vertreten wie die 49. Das zeugt von Expansionsdrang, aber auch von einer gewissen Maßlosigkeit. Lebenshunger ist hier das Stichwort. Der Spieler neigt dazu, sich und andere zu überfordern. Wird er seinen eigenen Ansprüchen gerecht werden? Wir raten zur Besinnung. Beginnen Sie mit 3 und enden Sie spätestens bei 45. Nur so erreichen Sie mit der Zeit die Konzentration auf Ihre Ziele, ohne die es im Leben nun einmal nicht geht. Spieler solcher Kombinationen möchten die Welt verändern, scheitern aber oft an einem einfachen Reifenwechsel.

9, 12, 13, 15, 21, 24.

Dieses Kombinationsbild ist ambivalent. Es weist auf geballte Konzentration hin, auf einen fast unbändigen Willen zur Zusammenfassung aller Möglichkeiten, aber genauso gut läßt es Ängstlichkeit vermuten. Hier sucht jede Zahl sozusagen Schutz bei der anderen. Man rückt zusammen, man stützt sich gegenseitig, denn das Leben ist hart, und allein, in der Isolierung, drohen Abgründe. Man müßte wissen, ob der Spieler gern rote Polohemden trägt, dann könnte man der Analyse eine gewisse Richtung geben. Doch so muß man sagen: Alles ist möglich.

11, 22, 23, 24, 29, 37.

Hier ist die Hand eines Künstlers spürbar. Auch hier: Konzentration, aber bereits im Sinne von Verdichtung. Wie Wächter stehen die 11 und die 37 in der Einsamkeit ihrer Zehnerreihen, und wie ausgeglüht wirken die 20er-Zahlen dazwischen — reduziert auf das Wesentliche, kompromißlos und ohne jede Einsicht in die Tatsache, daß man vormittags keinen Smoking trägt. Von diesem Spieler müßte man Großes erwarten können, wenn wir noch im 18. Jahrhundert lebten, und er die militärische Karriere einschlagen würde. In unserer heutigen Zeit könnte er als Neuerer im Bau von Gewächshäusern von sich reden machen oder als Sprecher der Spätnachrichten.

6, 8, 11, 14, 19, 43.

Dieser Zahlenreihe geht ein etwas makabrer Ruf voraus. In der Tat hat man bei vielen Spielern, die spurlos verschwunden sind, um Jahre später in der Fremdenlegion oder als Mittelstürmer beim AC Mailand wieder aufzutauchen, diese Kombination als Vermächtnis aufgefunden. Das Zusammengepreßte der ersten fünf Zahlen und die im schroffen Gegensatz dazu stehende letzte Zahl — der berühmte eine Fuß im Jenseits, zumindest aber im Hauptbahnhof, wie der Lotto-Psychologe van Ackeren mal gesagt hat —, zeigen eine unerträgliche Spannung an, die sich nur in einer Katastrophe lösen kann. Allerdings kann sich diese Katastrophe auch ganz anders äußern. So hatte z. B. Porschefahrer Edwin M., einen Tag bevor er in seinen neuen 811 Turbo eine häßliche Beule fuhr, diese Reihe getippt. Deshalb: aufgepaßt! Eine solche Kombination, besonders bei Glatteis oder Schmerzen im rechten Arm, deutet auf nichts Gutes hin.

5, 19, 24, 25, 29, 30.

Das gleiche Bild, nur umgekehrt — und doch ein ganz anderes Seelenporträt. Hier wird zwar in der Fünf ein augenblicklicher Standpunkt fixiert, doch das Gewicht des Willens liegt weit in der Zukunft. Große Pläne, edle Ziele erfüllen diesen Spieler. Aber auch die Fähigkeit, sie zu verwirklichen. Die Konzentration der Restzahlen spricht hier eine deutliche Sprache. Die Tatsache, daß der Spieler die Zehner-Reihe fast — aber eben nur fast! — übersprungen hat, zeigt, daß er den Sinn für die Realitäten nicht verloren hat. Da ist noch eine Verbindung zwischen Wunsch und Können. Ein paar Zahlen weiter, und wir hätten es mit einem willensschwachen Phantasten zu tun.

6, 12, 17, 18, 29, 41.

Eine weiche, sehr verletzliche Natur spricht aus dieser Zahlenreihe. Man hat zwar seine Mitte (17, 18), aber man öffnet sich nach beiden Seiten, man ist empfänglich für Umweltreize, aber auch für seelisch formende und gültige Eindrücke. Dieser Mensch schwärmt für Johannes Brahms und herbe Weißweine, aber auch für Fahrten ins Burgenland. Er ist eine Persönlichkeit, die seine Familie liebt, aber möglicherweise liebt seine Familie ihn nicht. Vielleicht stört man sich an seiner Angewohnheit, dem Tischnachbarn immer die besten Bissen vom Teller zu nehmen?

...elf Kreuze! Da soll erst mal einer darauf kommen und das nachmachen!
13

6, 8, 17, 18, 43, 47.

Hier haben wir den geborenen Abenteurer vor uns. Huttens Spruch: Ich hab's gewagt! steht unsichtbar über dieser Zahlenreihe. Hier ist nirgends Sicherheitsdenken. Dieser Spieler ist in der Lage, in weite, weltentlegene Weltengegenden zu fahren. Sogar dahin, wo man die Bildzeitung erst einen Tag später bekommt. Aber das macht ihm nichts aus, er findet sich auch so zurecht, Hauptsache, er hat seine Brille dabei.

Egozentriker tippen Geburtsdaten

Nun gibt es bekanntlich eine ganze Anzahl von Spielern, die ihre wöchentlichen Tippreihen nicht der Inspiration überlassen, sondern sich an ganz bestimmten persönlichen Daten orientieren, die sie immer wieder ankreuzen.

Handelt es sich dabei vorwiegend um eigene Daten des Spielers, also um das Geburtsdatum sowie um die Daten, an denen er einen Elfmeter verwandelt hat, so haben wir es mit einem Egozentriker zu tun, der seine Person in den Mittelpunkt stellen möchte, auch wenn er sie scheinbar hinter Zahlen versteckt. Ein solcher Mensch möchte glänzen, sieht aber unter normalen Umständen keine Möglichkeit dazu, vielleicht weil ihm das Guggenheim-Museum seine Bilder zurückgeschickt hat.

Wählt der Spieler hingegen Daten aus der Familie, so steht zu befürchten, daß er allzu abhängig von seiner Umgebung ist. Er sollte sich vornehmen, nicht mehr beim Essen unterm Tisch zu sitzen und jeden Tritt mit einem: Danke, aber ich möchte nichts mehr! zu beantworten.

MOSBACHER HOF
Am Ende unseres Kurses werden Sie gelernt haben, daß Sie sich auf kein System verlassen können. Ein Gewinn ist reiner Zufall!

14 Lotto und Gruppendynamik

Konzentration und Öffnung — das sind bekanntlich die beiden tragenden Pfeiler des Lottospiels. Konzentration auf den Tippvorgang sowie Öffnung für das inspirative Element, also für die Zahlen und Zahlenkombinationen. Dazu: das allwöchentliche Hinnehmen der Tatsache, wieder nichts gewonnen zu haben — eine ständige Frustration, deren Überwindung den Menschen auf dem Weg zu sich selbst weiterbringt, die ihm hilft, seine Identität zu finden, aber leider nicht seinen verlegten Autoschlüssel. Diese Möglichkeiten des Lottospiels werden in zunehmendem Maße erkannt.

Das hat auch zum ersten Lehrstuhl für Lotto an der Universität Wiedenbrück geführt. Er wird in erster Linie von den Lottogesellschaften finanziert, die es wissenschaftlich bewiesen haben wollen, daß es kein System gibt, um mit Sicherheit einen Sechser zu tippen, außer dem, 26 Millionen Mark einzusetzen.

Zum Lotto-Studium ist bislang noch kein Abiturzeugnis mit Durchschnittsnote eins notwendig, denn der Numerus clausus gilt hier noch nicht. Der ständig wachsende Zustrom der Studenten (z. Zt. drängeln sich in dem kleinen Hörsaal bis zu 7000 Zuhörer!) macht ihn jedoch auf Dauer wohl unumgänglich. Zumal man mit einem Lotto-Diplom jederzeit ohne Prüfung Krankenpfleger werden kann und damit bereits einen Fuß im Medizinstudium hat.

Man schließt mit dem Dr. phil. ab und ist dann berechtigt, eine Lotto-Annahmestelle zu eröffnen. Verdiente Fußballer erhalten den Titel auf dem Gnadenweg.

Auch die Betriebspsychologen haben sich auf das Thema gestürzt und bieten den Personalchefs großer Firmen diverse Hilfen zur Mitarbeiterauslese und zur Managementschulung an.

Über die Testmöglichkeiten von individuellen Zahlenreihen haben wir gerade gehört, wenden wir uns jetzt den Trainingsmethoden zu, die das Lottospiel in der Hand des Fachmanns eröffnet und die auf Seminaren angewendet werden.

Wohl am bekanntesten ist die »Gesellschaft zur Imprägnierung von Lottowissen e.V.«, die ihre Wochenendkurse im Mosbacher Hof im Grindelwald durchführt.

Diese Kurse sind für Mitglieder des gehobenen Managements gedacht, teilnehmen kann aber auch jeder andere, der nicht gern zu Hause ist und sich schriftlich damit einverstanden erklärt, ein Wochenende auf den gewohnten Fernsehgenuß zu verzichten, mit Ausnahme der Ziehung der Lottozahlen selbstverständlich. Anreise ist Freitag mittag. Die meisten bringen ihre ausgefüllten Tippscheine mit, andere kreuzen aber ihre Zahlen erst im Hotel an, sobald sie ihre Erfahrungen mit den neuen Bekannten ausgetauscht haben.

Beuys kreuzt elf Zahlen an

Nachmittags wird dann, pünktlich um 15 Uhr, das Seminar eröffnet, und zwar mit dem Vortrag »Lotto und Kunst«. Es hat sich bewährt, zunächst die Frage zu stellen, ob ein von Josef Beuys ausgefüllter Lottoschein nur ein ausgefüllter Lottoschein ist oder aber Anspruch darauf hat, als Kunstwerk betrachtet zu werden. Gegen die erste Behauptung spricht die Tatsache, daß Beuys in seinen Lottoscheinen bekanntlich elf und mehr Zahlen ankreuzt, weil er die Ansicht vertritt, die Begrenzung auf sechs bedeute eine unzumutbare Unterdrückung des kreativen Potentials.

Beuys‘ Scheine können also keine ausgefüllten Lottoscheine sein, da sie sich nicht an die Vorschriften halten und mithin ungültig sind.

Sind sie also ungültig, müssen sie Kunst sein, da Beuys eine dritte Möglichkeit bekanntlich nicht zuläßt. Allerdings macht er diesen Schluß sofort wieder zunichte, indem er behauptet, alles, was der einzelne auch immer tue, sei Kunst, also beispielsweise auch das Ausreißen von Unkraut im Garten oder das Abholen eines Kastens Sprudel im Supermarkt. Also gibt es keinen Gegensatz zur Kunst und mithin auch keine Kunst, da kein Ding ohne Gegensatz existieren kann.

Folglich ist Beuys' Tippzettel weder Kunst noch ist er als Tippzettel brauchbar, so daß kein Mensch etwas damit anfangen kann, abgesehen davon, er verkaufte ihn auf der Documenta für 80.000 Mark.

Der Lottospieler und die Fee

Die Diskussion darüber, an der sich alle Teilnehmer heftig erhitzen und die meist sehr lebhaft und kontrovers geführt wird, dauert im allgemeinen zehn Minuten. Danach bekommt jeder ein Stück Bienenstich und eine Tasse koffeinfreien Kaffee.

Nun ist es halb sechs, und alle machen sich auf, um im Dauerlauf zur Lotto-Annahmestelle zu eilen. Hier wird bereits gesiebt: Die beiden zuletzt Ankommenden dürfen ihre Scheine nicht mehr abge-

ben, was ihre Anwesenheit am nächsten Abend bei der Ziehung der Lottozahlen besonders quälend macht. Denn sie werden dabei von allen anderen Teilnehmern nach Herzenslust verspottet und mit Schimpfnamen bedacht.

Der erste Abend schließt mit einem Theaterbesuch, wobei wechselweise das Ballett »Der Lottospieler und die Fee« von Camille Saint-Saens oder aber das Musical »Lotto, Lotto« von Leonard Bernstein auf dem Programm steht. Oft geraten auch beide durcheinander, da das Grindelwalder Ensemble aus Laiendarstellern besteht und in beiden Stücken ein Oberförster vorkommt.

Der nächste Tag beginnt mit »Lotto und Zen«, wobei das meditative Element im Mittelpunkt steht. Jeder versenkt sich in eine Zahl und versucht, sie geistig zu verkörpern. Es stehen hierfür die Zahlen 17 und 28 zur Verfügung. Nachdem die Teilnehmer zwei Stunden in völligem Schweigen und absoluter Regungslosigkeit verbracht haben, muß jeder sagen, welche Zahl er sich ausgesucht hat. Danach werden die Teilnehmer in zwei Gruppen geteilt, also in die 17er und die 28er. Sie spielen gegeneinander Volleyball.

Jetzt ist der Vormittag herum, und man geht zum Essen. Dieses besteht aus einem Fleischklops, den sich alle untereinander teilen müssen. Dabei wird der Kameradschaftsgeist einerseits, andererseits auch das zielgerichtete Durchsetzungsvermögen getestet. Meist ist der im Vorteil, der bei der Essensausgabe ganz vorn steht und den Klops auf den Teller bekommt. Wenn er geistesgegenwärtig ist und an einem solchen Seminar schon mal teilgenommen hat, eilt er damit sofort zur Toilette und verriegelt die Tür hinter sich. Nun stürzen die anderen hinterher und trommeln gegen die Tür, wobei sie skandierend im Chor rufen: »Heraus, heraus, gib den Klops mir zum Schmaus.«

Anschließend folgt eine Stunde Klausur. Jeder begibt sich in eine Zelle und versucht, sechs Zahlen zu finden, zu denen er sich am meisten hingezogen fühlt und von denen er glaubt, daß sie seinem Inne-

Hierher,
Herr Doktor!
203
102

ren am meisten entsprechen. Bei dieser streng isolierten Beschäftigung werden Phantasie und Logik im Übermaß gefordert, so daß immer wieder Teilnehmer zusammenbrechen und von dem Notarzt versorgt werden müssen.

Nun folgt der womöglich härteste Teil des Seminars: das Überlebenstraining. Die Teilnehmer werden in zwei Gruppen eingeteilt, von denen jeder die Chance hat, sich als Anführer zu behaupten. Bei ungeraden Teilnehmerzahlen bleibt immer einer übrig, der sich gegenüber sich selbst durchsetzen muß. Die Bekleidung besteht aus einer gestreiften Pyjama-Hose und einem T-Shirt, was besonders in den Wintermonaten eine völlig unzureichende Bekleidung darstellt, so daß die Kurse seit dem Erfrierungstod zweier Teilnehmer am letzten Winterseminar stets nur im Monat August durchgeführt werden.

Jeder Gruppe wird eine Kerze (allerdings ohne Streichhölzer) ausgehändigt, dazu ein einziger Lottoschein, zwei Stück Zwieback sowie ein Kompaß ohne Nadel. Eine zusätzliche Erschwernis bringt die Tatsache, daß keine Taschen mitgenommen werden dürfen, so daß diese Utensilien in der Hand gehalten werden müssen, was besonders beim Durchtauchen der beiden Flüsse, von denen Grindelwald umgeben ist, ein Problem darstellt. Die Teilnehner müssen zunächst versuchen, die Kerze durch pausenloses Anhauchen zu entflammen. Und nur mit dem derart angerußten Docht darf der Lottoschein angekreuzt werden, ein schwieriges Unterfangen, da man keinen ordentlichen Durchschlag bekommt, weil bei dieser Methode festes Aufdrücken unmöglich gemacht wird.

Punkt neun Uhr abends müssen alle wieder zurücksein. Wer später kommt, muß eine Tasse heiße Milch trinken, ohne die Haut entfernen zu dürfen.

Nun machen sich alle frisch, ziehen sich um und treffen sich gegen dreiviertel zehn im großen Clubraum, um der Lottoziehung zuzuschauen. Anschließend wird darüber diskutiert, ob es richtig war, daß gerade diese Zahlen gefallen sind, und ob man es hätte voraussehen können.

Der Rest des Abends steht zur freien Verfügung. Jeder kann so viele Lottoscheine ausfüllen, wie er will, vorausgesetzt, er ist damit einverstanden, daß sie ohne Honorar in der Vereinszeitschrift abgedruckt werden.

Damit ist der Kurs zu Ende und die Teilnehmer werden mit den Worten: »Los, los, verschwinden Sie, Sie haben hier nichts mehr zu suchen!« in die Nacht hinausgejagt.

15
Und was sagen die Sterne?

Daß ein Lottospieler, der wieder nichts gewonnen hat, mit der Axt den Fernseher zertrümmert, kommt immer wieder vor und führt zu häuslichen Auseinandersetzungen, weil ein solcher Aktionismus auf viele Ehefrauen übertrieben und unangemessen wirkt. Aber manch eine Ehefrau würde vielleicht mehr Verständnis dafür aufbringen, wenn sie wüßte, daß es sich bei ihrem Mann um einen marsbetonten Widder handelt, hier also nur sein unglückseliges kosmisches Erbe zuschlägt. Wüßte sie es, sie würde die Sache sicher gelassener sehen und versuchen, mit einem nachsichtigen Lächeln darüber hinwegzugehen. So mancher Ehestreit wäre zu vermeiden.

Man ersieht daraus, wie zweckmäßig es ist, den einzelnen Lottospieler unter dem Aspekt seines besonderen Geburtszeichens einzustufen und seine Reaktionen entsprechend zu beurteilen.

Der bekannte Astrologe William Albright aus Hollywood hat in unserem Auftrag zusammengestellt, wie sich die einzelnen Tierkreiszeichen als Lottospieler verhalten. Albright zählt zum internationalen Jet-Set und hat beispielsweise Sofia Loren verbindlich vorhergesagt, daß sie noch in diesem Jahrzehnt Schauspielerin wird.

Natürlich sind diese Charakterisierungen pauschal und nehmen keine Rücksicht auf individuelle Geburtsaspekte. Es ist also durchaus möglich, daß auch ein introvertierter Fisch seine Frau jubelnd küßt, wenn er zwei Millionen gewonnen hat. Uns indes interessiert hier nur das Typische:

Widder

Im Widder-Zeichen spüren wir die ganze Aktivität der erwachenden Natur. Alles scheint dem Samstagabend entgegenzufiebern. Und auch der Widder selbst hat die Vitalität einer aufbrechenden Knospe. Beim Ausfüllen des Scheins geht der Widder geradewegs auf die Zahlen zu, und wenn er von dem Lottoschein Widerspruch zu erfahren glaubt, zerfetzt er ihn und stampft mit den Füßen auf ihm herum. Gern füllt der Widder seinen Schein in der frischen

Luft aus, beim Jogging oder beim Aufspringen auf einen Zug. Ist er Boxer — er ist es meistens —, so nutzt er die Zeit, die sein Gegner am Boden liegt, um seine Zahlen anzukreuzen. Und wehe der Zahl, die sich nicht sofort willig ankreuzen läßt — der Widder würde sie mit seinem Blick zermalmen. Dabei ist er nicht böse, sondern durchaus in der Lage, ihr nach einiger Zeit wieder auf die Schulter zu klopfen. So schafft er es immer wieder, jeden Gegner dann zu versöhnen.

Daß er in der Lage ist, seinen Fernseher zu zertrümmern, wenn er nicht gewonnen hat, sagten wir bereits. Er zertrümmert ihn aber auch gern, wenn er plötzlich Lotto-Millionär geworden ist, besonders dann, wenn es sich um ein altes Schwarzweiß-Gerät handelt, dessen Ton nicht mehr in Ordnung ist.

Stier

Was der Widder erobert, möchte der Stier behalten. So sind Stier-Spieler nicht selten im Besitz zahlreicher Lottoscheine, können sich aber von keinem einzigen trennen, so daß ihre Familie alles daransetzen muß, ihnen wenigstens einen abzuschmeicheln. Auch lassen sie sich nur schwer dazu überreden, die zwei Mark herauszurücken, die ein Tipp kostet, und sie außerdem zum Spiel 77 zu veranlassen, ist bei dem starrsinnigen Stier fast unmöglich. Nur zu oft ist es die Hausfrau, die sich den Betrag vom Haushaltungsgeld absparen muß. Denn der patriarchalische Stier will natürlich am Samstagabend seinen ausgefüllten und abgestempelten Tippschein auf dem Tisch vorfinden, wenn er sich in seinen bequemen und luxuriösen Fernsehsessel zurücklehnt, um genußvoll die Ziehung der Lottozahlen zu verfolgen. Dabei läßt er sich teuerste Kartoffelchips und edelste Weine kredenzen. Hat er nichts gewonnen, so macht er seiner Familie heftige Vorwürfe, daß sie ihn zu dieser nutzlosen Geldausgabe veranlaßt hat, und der Zorn des Stieres kann furchtbar sein. Gewinnt er hingegen eine Million, so ist er durchaus bereit, sich wie ein Verrückter zu freuen.

Zwilling

Der geistig lebhafte und unruhige Zwilling, der dem Planeten Merkur, dem Gott der Diebe und Spieler untersteht, badet jedesmal in einem Meer von Zweifeln, wenn es gilt, sich beim Ausfüllen eines Lottoscheins für eine bestimmte Zahl zu entscheiden.

Denn jedes Kreuz empfindet er als eine unzumutbare Festlegung und damit als einen schmerzvollen Verzicht auf alle anderen Kombinationsmöglichkeiten. So kann er seiner Umgebung ganz schön auf die Nerven fallen, weil er dazu neigt, jeden Bekannten anzurufen, um ihn in lange Diskussionen zu verwickeln, warum die 17 an diesem Wochenende nicht kommen kann, bzw. warum es eigentlich unumgänglich ist, daß sie wieder gezogen werden wird. Auch wendet er sich gern an prominente Wissenschaftler wie Rudolf Mößbauer oder Hans Küng und fragt sie nach ihrer Ansicht über den Einfluß des Lottospiels auf die Umwelt oder ob die 23 etwas mit dem Geheimnis von Fatima zu tun hat.

Positiv ist, daß der Zwilling nicht traurig ist, wenn er wieder mal nichts gewonnen hat, denn er nimmt jede Niederlage als einen weiteren Beweis dafür hin, wie schwierig es ist, sechs Richtige zu tippen. Er sieht in jedem Spiel vor allem eine intellektuelle Herausforderung, die für ihn gleichberechtigt neben der Frauenfrage, dem Problem der Überbevölkerung sowie neben der Bewältigung des Thema »Wie kriege ich samstags in der Innenstadt einen Parkplatz?« steht. So ist es kein Wunder, daß der Zwilling seinen Lottoschein zwar abgeben will, aber die Annahmestelle hat längst geschlossen. Er trägt es mit Fassung.

Krebs

Der sensible und zur Melancholie neigende Krebs schöpft seine Tippreihen ganz aus dem Unbewußten seines gefühlvollen Innenlebens. Meist füllt er seinen Tippschein bei Vollmond aus, oder er spielt zwischen jeder Zahl eine Partie Tarot. Sein eingefleischter Pessimismus sagt ihm von vornherein, daß er wieder nichts gewinnen wird, und so hat er sich dazu erzogen, daß Geld nichts bedeutet, die geistig-seelische Verwirklichung des Menschen hingegen alles ist und nichts über einen Sonnenuntergang am Totensonntag geht. »Ich habe sowieso kein Glück«, sagt er zu dem Lotto-Einnehmer, während er seinen Schein über den Tresen reicht, und wenn dann das Ziehungsergebnis am Samstagabend diese Prognose bestätigt, so genießt er das masochistische Glück, wieder einmal recht behalten zu haben, auch gegenüber dem Lotto-Mann, der gesagt hatte, das könne

man nie so genau wissen. Mithin ist der Krebs eigentlich der Beneidenswerteste von allen, da er aus jedem Ergebnis Befriedigung zieht. Gewinnt er, so wird er nicht übermütig, sondern legt das gewonnene Geld in Topfpflanzen an oder kauft seinem Hund ein neues Halsband mit aufgenähten Zwergen.

Löwe

Der König des Tierkreises tippt nicht — er erweist einer Zahl die Gnade, von ihm erwählt zu werden, und erwartet dementsprechenden Dank in Form eines Hauptgewinns. Er kreuzt auch nicht irgendwelche Reihen an, sondern befiehlt den Zahlen, am Samstag gezogen zu werden. Verweigern sie sich ihm, was meistens der Fall ist, so kann er tagelang grollen. Er kennt die Zahlen dann einfach nicht mehr und registriert ihre Existenz auch in anderem Zusammenhang nicht. Angenommen, er hat u. a. die Zahlen 1, 3, 8 und 9 getippt und diese Zahlen sind prompt nicht gekommen, so wird er sich auch weigern, eine Telefonnummer 13 89 25 zu akzeptieren. »Seit wann gibt es bei uns Telefonnummern, die nur aus zwei Ziffern bestehen«, wird er kühl fragen und sich anderem zuwenden. Seine Verletzbarkeit kann so weit gehen, daß er sogar den Fernsehapparat in sein Schweigen einschließt. Er richtet dann tagelang kein Wort an das Gerät und verleugnet es überall. »Nein, wir haben keinen Fernseher«, sagt er dann, »was ist das überhaupt? Ist das eines dieser ulkigen Gläser, die man an die Augen hebt, um Rehe zu beobachten?« Hat er hingegen gewonnen, so macht er davon kein großes Aufhebens, da er im Grunde nichts anderes erwartet hat.

Jungfrau

Mit dem Beginn des Herbstes werden nicht nur die Tage kühler, sondern auch das Verhältnis des Menschen zum Lottospiel und seinen Chancen. Man glaubt in diesem Zeichen nicht mehr an das Wunder des glücklichen Zufalls, sondern will auf Nummer Sicher gehen. Welche Zahlen sind schon lange nicht mehr gezogen worden, welche kommen nur in welcher Kombination und welche Zahl war bisher am häufigsten? Auch der Lotto-Einnehmer muß der kritischen Jungfrau Rede und Antwort stehen. »Welche Garantien können Sie mir geben, daß ich gewinne«, will sie wissen und »was zahlen Ihnen die Lottogesellschaften, daß meine Zahlen nicht gezogen werden?« Jungfrauen scheuen sich auch nicht, den Lotto-Einnehmer zu wechseln, wenn sie glauben, daß sie hintergangen werden. Wenn sie danebentippen, sind sie todunglücklich. Weniger wegen des entgangenen Gewinns, sondern weil sie darin ein persönliches Versagen erblicken. Sie sind dann wochenlang niedergeschlagen und sprechen sich jeden Wert ab. Gewinnen sie dagegen, so tragen sie alles aufs Sparbuch und werfen es weg, damit niemand mehr dran kann, auch sie selbst nicht.

Waage

Der harmonisch orientierte und schönheitstrunkene Waagemensch hat keine Probleme mit dem Lottospiel. Er bevorzugt schöne, runde Zahlen, auch im formalen Sinn. Die 5, die 8, die 9, die 20, 28 und 29 gehören deshalb zu seinen Favoriten. Aber er ist flexibel und bereit, sich nach der Mode zu richten. Wenn vor allem »spitzige« Zahlen »in« sind, kreuzt er auch ohne große Probleme die 4, die 7, die 11 oder die 37 an. Aber er muß sicher sein können, daß »man« das jetzt tut. In diesem Falle schätzt er die bewundernden Blicke des Mit-Tippers am Kiosk fast höher als einen Gewinn. Nichts schmeichelt ihm mehr, als wenn man ihn seines erlesenen Geschmacks wegen lobt, mit dem er harmonisch aufsteigende Zahlenreihen ankreuzt wie z. B. 3, 5, 8, 12, 17, 23. Wenn seine Zahlen dann am Samstag nicht kommen, so stört ihn das wenig. »Diese Zahlen sind zu häßlich, als daß ich sie je hätte wählen können«, sagt er dann. Oder: »Ich wußte, daß meine Zahlen keinen Erfolg haben würden, aber ich habe sie Sabines wegen angekreuzt, die sich in die Kombination 18, 20, 22 verliebt hat.« Jedenfalls möchte der Waage-Mensch lieber mit schönen Zahlen verlieren als mit uneleganten gewinnen. Das prägt auch seine

Einstellung gegenüber Lotto-Gewinnern. »Ernst Weiterschan hat 1,8 Millionen gewonnen, mit Zahlen, die seit gut einem halben Jahr kein Mensch mehr sehen kann«, meint er dann, »aber das ist typisch.«

Skorpion

Der schwierige Skorpion gestaltet auch das Lottospiel so problematisch, wie es nur geht. So tippt er meistens, indem er sich auf den Kopf stellt und dabei Musik von Arnold Schönberg hört. Er tippt auch nicht an einem Freitag, also wenn die Welt im hellen Licht des nahen Wochenendes liegt, sondern am Montagmorgen, in der vollen Düsternis der zu erwartenden Woche. Über seinen Zahlenreihen liegt deshalb meist ein Grauschleier von Haß und Ver-

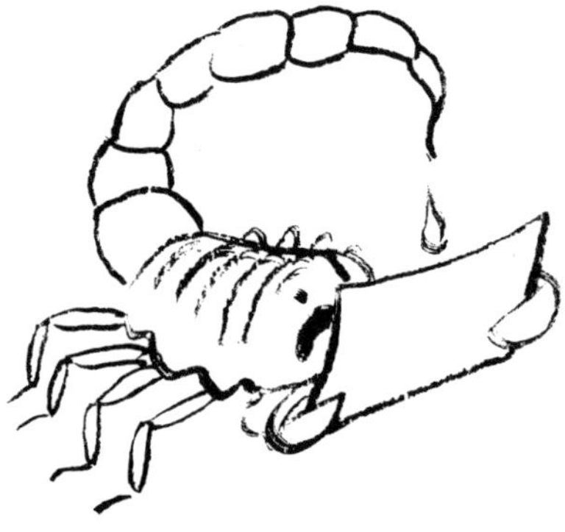

zweiflung, und fast ist eine sexuelle Komponente zu erkennen. Auch wählt er gern Zahlenkombinationen, die kaum Chancen haben, gezogen zu werden. Beispielsweise vier aufeinanderfolgende Zahlen. Jeglichem Zureden zeigt er sich verschlossen und einsichtslos. Er will das Spiel in seine Gewalt zwingen, was ihm natürlich nicht gelingt, denn die Zahlen pfeifen ihm was. Umso ergrimmter ist er, wenn er eine Niederlage einstecken muß. Er brüllt dann nicht wütend los wie der Widder, sondern geht mit kalter Rachsucht vor, indem er erst die Ansagerin verklagt, dann den Aufsichtsbeamten und den Hersteller des Ziehungsgerätes sowie die Zahlen von 1 bis 20. Auch das Spiel selbst faßt er als Kampf auf, indem er versucht, die Zahlen zu willenlos zappelnden Objekten zu machen. Oft schmeichelt er einer Zahlenreihe, um sie dann höhnisch zu verlachen und den Zettel mit den Worten: »Das habt ihr euch wohl so gedacht, was?!« zu zerknüllen und wegzuwerfen.

Schütze

Der typische Schütze tippt nur, wenn er mal Geld braucht, denn in seiner an Verblendung grenzenden Naivität geht er davon aus, daß es genügt, sechs Zahlen anzukreuzen, um in den Besitz von einigen Millionen zu kommen.

Außerdem verläßt er sich darauf, daß gerade an diesem Wochenende statt 2 Millionen deren 4 ausbezahlt werden. »Weil«, so erklärt er, »4 Millionen besser sind als 2.« Wenn dann am Samstag keine einzige Zahl stimmt, schüttelt er baß erstaunt den Kopf und murmelt: »Na so was, was habe ich da nur falsch gemacht? Es kann doch nicht so schwer sein, sechs Richtige zu tippen.«

Oft vergißt er, daß er getippt hat, und wenn dann montags der Mann der Lottogesellschaft mit dem Scheck kommt, meint er nur: »Ach Sie sind's, Sie waren aber vergangene Woche nicht hier, oder?« Ein System kennt er nicht. Instinktiv kreuzt er die Zahlen an, die dann auch kommen, meistens aber nicht. Als ritterliches Zeichen erscheint der Schütze oft zu Pferd an der Lottostelle und reicht seinen Schein auf einem Schaschlikspieß herunter. Sein Hund bellt fröhlich dazu. Er hat zwar einmal gelesen, daß er bei einem Einsatz von 26 Millionen Mark garantiert sechs Richtige hat. Aber schon der Versuch auszurechnen, wieviele Zahlenreihen er dann ausfüllen müßte, scheitert kläglich.

Steinbock

Dem düsteren Steinbock fällt so leicht nichts in den Schoß. Auch kein Lotto-Sechser. Hart muß er um jeden Gewinn ringen, und meist lächelt ihm erst im Alter das Glück, und auch dann sind es oft nur 7 Mark 80. Der Steinbock muß also bereits im Alter von fünf oder sechs Jahren mit dem Tippen beginnen, dann hat er eine reelle Chance, mit 80 bei den Gewinnern zu sein. Andere würde das entmutigen, doch den Steinbock spornt es eher an. Meist spielt er sein Leben lang mit den gleichen Zahlen, denn er ist sehr konservativ, trennt sich nur ungern von Gewohntem und benutzt auch bis ins hohe Alter den gleichen Schnuller. Er macht seine Kreuze ebenso sorgfältig wie bei einer Landtagswahl und bringt auch den Schein grundsätzlich selbst zur Lottostelle, da er davon ausgeht, daß andere unzuverlässig sind. Er weiß um die Tragik, die ihn umgibt, und er geht nicht zu Unrecht davon aus, daß ausgerechnet *der* Schein vergessen wird, der ihm dann die erhofften vier Richtigen bringen wird, denn der Steinbock rechnet nie mit einer Sechs. Bei der Ziehung der Lottozahlen schaut er nicht zu, es interessiert ihn nicht. »Das Betrachten des Ziehungsvorgangs«, sagt er hochmütig, »hat keinen Einfluß auf das Ergebnis, oder?« Das ist eine durchaus zutreffende Bemerkung. Das Erschreckende ist aber, daß sie der Steinbock bereits im Alter von fünf Jahren äußert.

Wassermann

Daß der Wassermann das freiheitsliebendste und originellste aller Tierkreiszeichen ist, geht schon daraus hervor, daß er seinen Schein meistens in der Kleidung eines Navajo-Häuptlings abgibt oder mit einem madegassischen Äffchen auf der Schulter. Und oft füllt er seinen Tippschein aus, während er an der Eiger-Nordwand hängt, am Grunde des ägäischen Meeres nach alten Vasen sucht oder als Schornsteinfeger über die Dächer klettert. Mitunter dreht er auch Loopings in einem Heißluftballon und läßt seine Lottoscheine über belebten Plätzen herunterflattern. Dazu ruft er über eine Flüstertüte: »Hej, gebt die Scheine hier ab und bringt den Gewinn einem Waisenhaus in eurer Nachbarschaft!« Denn der Wassermann ist auch das Uneigennützigste aller Zeichen. So schrieb der berühmte französische Surrealist und Wassermann Maurice André seine Biografie »Lautlose Arabeske« auf Tausende von Lottoscheinen, indem er jeweils mit seinen Kreuzen Buchstaben formte. Mit dem zweiten Buchstaben des 33. Kapitels, einem M, gewann er den Hauptgewinn, aber er schenkte ihn seinem Hausmeister, weil ihn die Gegend nicht interessierte, wo er ihn hätte abholen müssen.

Fische

Niemand macht es sich mit dem Lottospiel so schwer, keiner leidet so sehr beim Ankreuzen, wie der Fisch. Jede Zahl, die er auswählt, bedeutet für ihn eine Kränkung der danebenstehenden. »Hört«, sagt er dann, »seid nicht traurig, es ist nicht persönlich gemeint, aber ihr wart erst letzte Woche dran, und ich muß auch mal andere berücksichtigen. Ich werde euch aber nächstes Mal entschädigen.« Nun aber geht er davon aus, daß die angekreuzte Zahl verletzt ist, denn er weiß, daß keine nur aus Mitleid ausgewählt werden möchte, und so spricht er eine Weile mit dieser, bis er glaubt, daß alles in Ordnung ist. Wenn er dann am Samstag keine einzige richtig getippt hatte, redet er wieder auf sie ein. »Ihr dürft nicht denken, daß ich euch jetzt böse bin, nur weil keine von euch gezogen wurde. Ich liebe euch trotzdem, so wie ihr seid, und werde euch immer wieder ankreuzen, ehrlich!« Daraufhin fällt ihm ein, daß er nun die ganze Zeit nur mit den Angekreuzten gesprochen hat, und nun meint er, daß die anderen traurig sind. Er wendet sich also diesen zu, indem er sagt: »Ihr seid alle meine Kinder, und ich liebe jeden gleich, niemand von euch soll denken, er stünde meinem Herzen nicht nahe.« Dieser große Gefühlsüberhang hat schon manchen Fisch zum armen Mann gemacht, weil er möglichst alle ankreuzen will, um keine zu übergehen. Aber so gewinnt er auch öfter als andere, worauf er sich für die Treue der Gewinnzahlen bedankt und in Tränen ausbricht bei dem Gedanken, alle anderen könnten nun verzweifelt sein.

Wichtige Begriffe und Personen

Die ersten vier Titel aus der I♡-Reihe*)

Jeder Band 128 Seiten, zahlreiche Illustrationen

Weitere Titel in Vorbereitung

*) Ihre Buchhandlung informiert Sie gerne über jede Neuerscheinung!